Periodiske B-splines

Algoritmer, teori og anvendelser

Periodiske B-splines

Algoritmer, teori og anvendelser

Petter Øgland

Lulu Press
Raleigh, North Carolina

Lulu Press, Inc.
3101 Hillsborough Street
Raleigh, NC 27607

www.lulu.com

Published by Lulu Press.
10 9 8 7 6 5 4 3 2 1

ISBN 978-1-387-35983-7

First printing: September, 2015

Forord

Denne rapporten dokumenterer mitt teoretiske arbeid med periodiske splines under hovedfags-studiet i Numerisk Anlyse. Studiet av B-splines er et ekspanderende felt innen informatikk, hvor forskningsmiljøet rundt professor Tom Lyche ved Universitetet i Oslo har markert seg internasjonalt.

Det har vært et interessant og givende studium. Jeg ønsker å takke min veileder profes-sor Tom Lyche. Hans konstruktive kritikk, inspirasjon og våre diskusjoner har vært til uvurderlig nytte i mitt arbeid med hovedoppgaven.

Ellers takk til ansatte og studenter ved avdeling for numerisk analyse samt kolleger fra lesesalsmiljøene.

Blindern, 6. mai 1991

Petter Øgland

1

Innhold

Figurer

Innledning

Denne hovedoppgaven om periodiske B-splines bidrar med nye algoritmer, teori og anvendelser. Jeg skal innledningsvis redegjøre for arbeidet med dette; hva jeg anser som de mest vesentlige resultater, hvordan forskningen har forløpt og hva som kan være naturlige veier for videre arbeid.

Periodiske B-splines

Man finner stadig nye anvendelser for B-splines, og funksjonene har en voksende popularitet. Mye av populariteten skyldes gode approksimasjonsferdigheter og evnen til å representere geometrisk form i et format som er enkelt å bruke for en datamaskin. Opprinnelig har funksjonene vært mye brukt i skipsindustrien, herav navnet. Spline er engelsk for rie, en mekanisk tøylig linjal med vekter brukt under skipskontruksjon. Splines i betydningen stykkevise glatte polynomer har vært kjent helt fra Eulers og brødrene Bernoullis studier av disse på 1700-tallet, men det var først på slutten av 1940-tallet da Schoenberg [39] understreket sammenhengen mellom funksjonene og de mekaniske splines at teorien fikk ny vind i seilene. Særlig populære ble bruken av splines og utvikling av spline-teori fra 1960-årene, parallelt med utviklingen av moderne computere.

I applikasjoner hvor man har bruk for periodisitet har det hendt at man med mer eller mindre hell har brukt ordinære B-splines med tilpasning av randkrav. Periodiske B-splines er en egen klasse av polynomiale splines, skreddersydd for periodiske problemer. I problemer innenfor andre deler av B-spline teorien spiller de periodiske splines også en rolle. For eksempel dukker de opp i litteraturen ved studiet av approksimasjon ved såkalt kvasi-interpolasjon (de Boor & Fix [1]).

5

Algoritmer

Hovedvekten av mine algoritmiske studier i forbindelse med hovedoppgaven er presentert i seksjon 2.2. Her sammenliknes forskjellige direkte metoder for faktorisering av kollokasjons-matrisen. Under studiene har jeg også vært innom iterative likningsløsere, men i de prob-lemer som presenteres her er de direkte metodene overlegne både i tid og stabilitet. Kon-struksjon og implementasjon av algoritmer har resultert i en effektiv metode for løsning av kubiske interpolasjonsproblemer gitt interpolasjonspunkter i skjøtene. Metoden pre-senteres som en cyklisk båndløser hvor man i det enkleste tilfellet løser et tridiagonalt system med hjørne-elementer, og generelt løser lineære systemer med skjeve cykliske bånd av vilkårlig bredde.

Interpolasjonsproblemet for periodiske splines er garantert å ha løsning så lenge man op-ererer med et odde antall interpolasjonspunkter. Jeg har utført en rekke numeriske studier med interpolasjon for periodisk data og approksimasjon av lukkede plan-kurver. Som oftest fungerer algoritmene uavhengig odde eller jevnt antall punkter, men det hender de bryter sammen. I seksjon 2.3 diskuteres en del av disse observasjonene samtidig som jeg setter fram en hypotese om hvordan man kan velge et jevnt antall punkter, men likevel være sikret at problemet har løsning.

I kapittel 3 tar jeg for meg noe av problematikken knyttet til skjøtforfining for periodiske splines, en problemstilling som er blitt sentral i løpet av de siste 10 år. De algoritmiske studiene her baserer seg på en slags cyklisk båndstruktur i skjøtinnsettings-matrisen. Slike matriser beskriver en avbildning mellom koeffesienter i to spline-rom, hvor det ene rommet er inkludert i det andre. Et numerisk studium av konvergens for kontroll-polygoner er utført gjennom utvikling og implementasjon av en "kvasi-båndløser" variant av Oslo-algoritmen, som er en meget enkel all-round metode for konverteringsproblemer.

Teori

Mye av teorien i denne hovedoppgaven dreier seg om tilpasning av nyere B-spline-teori til periodiske B-splines, særlig er dette tilfelle i kapittel 1 og kapittel 3. I kapittel 1 pre-senteres periodiske analoger til Marsden-polynomene. Egenskaper ved disse diskuteres og sammenliknes med de ikke-periodiske polynomene. I kapittel 3 blir den periodiske Marsden-identiteten en grunnstein for resultater knyttet til periodiske diskrete B-splines og den periodiske skjøtinnsettings-matrisen.

Utvikling av teori for periodiske B-splines gir resultater av differsensierbar art. Enkelte ikke-periodiske resultater gjelder nesten umiddelbart i det periodiske tilfellet og bevises på praktisk talt samme måte som for ikke-periodiske B-splines, f. eks. standardegenskaper ved ordinære og diskrete periodiske B-splines. Slike resultater er som oftest kun nevnt. Andre resultater er mindre opplagte, og krever eksplisitte bevis. Teoremene knyttet til Marsden-polynomer og mye av teorien for skjøtinnsetting gir eksempler på teoremer som har store likhetstrekk med de ikke-periodiske, men likevel aviker på avgjørende punkter. Ofte er små forandringer i premissene nødvendige for å sikre de ønskede resultater. Det fins også utsagn som gjelder kun for periodiske splines eller kun for ikke-periodiske, eksempelvis kriterier for inverterbarhet av kollokasjonsmatrisen og stokastisitets-egenskaper ved skjøtinnsettings-matrisen.

Et akkumulasjonspunkt for de teoretiske studier av periodiske B-splines presenteres i seksjonen om valg av interpolasjonspunkter (seksjon 2.3), hvor jeg verifiserer enkelte instanser av interpolasjonspunkt-hypotesen nevnt ovenfor. Hypotesen sier at interpolasjonspunkter valgt etter et visst minimeringsprinisipp skal genere inverterbare interpolasjonsmatriser. Inverterbarhet og diagonaldominans for interpolasjonsmatriser blir så gjenstand for en rekke observasjoner og resultater i spesialtilfellene lineære, kvadratiske og kubiske periodiske B-splines.

I tillegg til dette har jeg også jobbet med generelle problemstillinger som har innflytelse på spline-teorien. I tilknytning til spørsmålet om stabilitet av kollokasjonsmatrisen i kapittel 2, drøfter jeg i seksjon 1.2 generelle egenskaper ved kondisjonstallet for $n \times n$-matriser med hensyn på invertering. Det viser seg å være en fundamental sammenheng mellom l_2-kondisjonstallet og matrisegruppen av ortogonalmatriser. Så vidt jeg vet er disse resultatene ikke referert i litteraturen. I seksjon 2.1 presenteres en abstrakt formulering av interpolasjonsproblemet. Resultatene her sier noe om sammenhengen mellom kollokasjons-minimeringsproblemer og integral-minimeringsproblemer i Hilbert-rom. Jeg har heller ikke funnet dette i litteraturen.

Resultatene i seksjon 1.2 og 2.1 har i utgangspunktet vært motivert ut fra å få vite noe mer om begrensning av kondisjonstall for kollokasjonsmatrisen, kondisjonstall for en basis av periodiske B-splines (seksjon 3.3) og a priori valg av kollokasjonspunkter.

Anvendelser

Listen av anvendelser for B-splines er stadig voksende. En rekke fine egenskaper gjør at de er anvendbare i teoretisk matematikk og lar seg integrere inn i numeriske pakker anvendt i statistikk og mekanikk, f. eks. kan man bruke periodiske kubiske B-splines for å approksimere randen til et område Ω hvor man ønsker å løse en partiell differsensial-likning ved numeriske metoder (Weatherill & Evans [43]). Dersom området Ω er begrenset i $\mathbb{R}^n$ kan et tensorprodukt av periodiske og ikke-periodiske B-splines være et naturlig valg ved at randen $\partial\Omega$ beskrives i generaliserte kule-koordinater $(r, \theta_1, \ldots, \theta_{n-1}) \in \mathbb{R}^+ \times (\mathbb{R}^{n-1}/\mathbb{Z}^{n-1})$, dvs. n-tupler hvor første komponent er positiv og de resterende er periodiske med periode 1.

B-splines kan også leve et selvstendig liv. Praktiske anvendelser finner man i dag særlig innenfor

- grafisk databehandling

- industriell design

- datakompresjon

Grafisk databehandling er studiet av hvordan man konstruerer grafiske bilder av virkelige eller imaginære objekter basert på en data-modell. Flater og kurver er ofte representert ved hjelp av splines (Foley, van Dam, Feiner & Hughes [11]). Grafiske fonter f. eks. i lay-out generert av Postscript og TEX konstrueres ofte ved splines. Innenfor grafisk databehandling har man også problemer knyttet til digitalisering og representasjon av kartverk hvor splines kan komme til nytte(Dæhlen & Lyche [8]). Representasjon av koter vil være en naturlig anvendelse for periodiske B-splines. B-splines er også populære når det gjelder tegneprogrammer. Frihåndstegning blir representert i form av splinekurver.

Industriell design er et av de opprinnelige anvendelsesområder for splines. Interpolasjon, minste kvadraters metode og andre teknikker brukes for å genere splineflater til å beskrive bilpanser, propeller, skipsskrog osv.

Datakompresjon er en av de nyeste revolusjonerende anvendelsesområder for splines. I bildebehandlingsproblemer har man prestert å redusere data-mengdene med 96% uten å tape vesentlig informasjon (Dæhlen & Lyche [8]).

I tillegg til de tre hoved-anvendelsesområdene fins det en rekke kuriøse muligheter. Blant de mindre tradisjonelle anvendelser finner man studier av **ordinære og partielle differensiallikninger** ved Galerkin- og kollokasjonsmetoder. Loscalzo & Talbot [24] har skrevet en av de første artiklene på området. Norsett [35] og Mülthei [33] gir representative artikler fra en flora av tekster som sammenlikner B-splines med Runge-Kutta metoder eller endelig element metoden (FEM). Brannigan [3] behandler integrallikninger (Fredholm-likninger) ved hjelp av kubiske splines. Kubiske periodiske splines burde kunne la seg benytte i periodiske differensial- og integral-problemer. Personlig hadde jeg kunnet tenke meg å studere

Poisson-likningen på en sirkelskive ved semi-periodiske tensorproduktsplines på sylinderen $(0,1] \times S^1$ dersom hovedfagsstudiet hadde gitt meg tid til det.

I seksjon 1.3 diskuterer jeg muligheten av å benytte periodiske B-splines i **digital signalbehandling** ved rekonstruksjon av digitaliserte lydbølger. Lydbølger har som kjent en periodisk struktur som gjør at periodiske splines kan være en alternativ metode for rekonstruksjon. De klassiske rekonstruksjonsmetodene bygger på Fourier-analyse, og jeg har sammenliknet spline-metoden med diskrete Fourier transformer.

Kapittel 1

Periodiske fenomener

Approksimasjon av periodiske fenomener kan betraktes som studiet av approksimasjons-funksjoner fra n-torusen T^n til de reelle tall R. I rapporten legges det særlig vekt på tilfellet $n = 1$, dvs. mengden av funksjoner fra sirkelgruppen S^1 på R.

Periodiske fenomener forekommer i all matematikk, fra Fourier-analyse til geometrisk mod-ellering. I denne rapporten skal vi se på egenskaper til periodiske splines. Periodiske B-splines er en basis for rommet av periodiske stykkevise polynomer av grad $k - 1$. Perio-disiteten i dette tilfellet er ønsket både da splines kan brukes som en matematisk beskrivelse av periodiske fenomener, og splines kan fungere som en god approksimasjon til periodiske funksjoner. Mange egenskaper fra B-splines lar seg overføre direkte til periodiske B-splines, men ikke alle. Gjennom algebraiske og numeriske studier vil enkelte vanskeligheter presen-teres og diskuteres.

I dette kapittelet skal vi se på

- Definisjoner og egenskaper for periodiske B-splines.
- Kondisjonstall for $n \times n$-matriser med hensyn på invertering.
- Digital spektralanalyse.

Studiet av kondisjonstall er formulert i generelle vendinger slik at det vil ha betydning både for periodisk og ikke-periodisk lineær algebra. I avsnittet om digital spektralanalyse diskuteres bruk av periodiske B-splines i rekonstruksjon av lydsignaler.

1.1 Periodiske B-splines

1.1.1 En-variable splines

Med utgangspunkt i rekursjonsdefininisjonen for B-splines,

$$
\left.
\begin{aligned}
B_{j,1}(x) &= \chi_{[t_j, t_{j+1})}(x) \\
B_{j,k}(x) &= \omega_{j,k}(x)B_{j,k-1}(x) + (1 - \omega_{j+1,k}(x))B_{j+1,k-1}(x) \\
\omega_{j,k}(x) &= \begin{cases} (x - t_j)/(t_{j+k-1} - t_j), & t_j < t_{j+k-1} \\ 0, & \text{ellers} \end{cases}
\end{aligned}
\right\}
\tag{1.1}
$$

på en uendelig periodisk skjøtvektor,

$$
\begin{aligned}
t_j &\leq t_{j+1} \\
t_j &< t_{j+k} \\
t_{j+1} - t_j &= t_{j+1+n} - t_{j+n},
\end{aligned}
$$

defineres de periodiske B-spline-funksjonene $B_{j,k}^\circ(x)$ som summen av alle B-splines $B_{i,k}(x)$ hvor i gjennomløper $\{j + n\mathbb{Z}\}$ dvs. $i = j + nz$ hvor z er et heltall. Størrelsen $L = |t_{j+n} - t_j|$ kalles periodelengden. Med multiplisiteten m_j til en skjøt t_j menes antall indekser $i \in \mathbb{Z}$ slik at $t_i = t_j$.

La avbildningen $p : \mathbb{R} \to \mathbb{S}^1$ fra tallinjen til enhetsirkelen i det komplekse plan være definert ved

$$
p(x) = e^{2\pi i x/L}.
\tag{1.2}
$$

Avbildningen p er surjektiv og identifiserer nøyaktig ekvivalente punkter i $\mathbb{R}$, altså $p(x) = p(y)$ hvis og bare hvis $y = x + nL$ for en $n \in \mathbb{Z}$. Den periodiske funksjonen $B^\circ : \mathbb{R} \to \mathbb{R}$ gir derfor opphav til en ny funksjon $\widehat{B^\circ} : \mathbb{S}^1 \to \mathbb{R}$ definert ved betingelsen

$$
\widehat{B^\circ} \circ p = B^\circ,
\tag{1.3}
$$

$$
\begin{array}{ccc}
 & B^\circ & \\
\mathbb{R} & \longrightarrow & \mathbb{R} \\
{}_{p}\searrow & & \nearrow {}_{\widehat{B^\circ}} \\
 & \mathbb{S}^1 &
\end{array}
\tag{1.4}
$$

Fra diagrammet (1.4) ser man at $\widehat{B}^\circ$ blir kontinuerlig. Funksjonene $\widehat{B}^\circ$ og B° kan oppfattes
som ekvivalente, så i den følgende notasjon refererer B° til begge tilfeller.

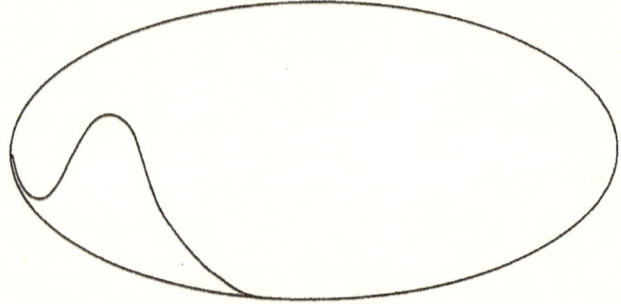

Figur 1.1: Periodisk B-spline

Det fremgår av Schumaker [40] at

$$S^\circ_{k,t} = \{s \ : \ s = \sum_{j \in \mathbb{Z}} p_j(x)\chi_{[t_j,t_{j+1})}(x), \quad \text{hvor } p_j \text{ er et polynom av grad } k-1$$
$$\text{hvor } D^i p_j(x) = D^i p_{j+1}(x), \quad i = 0,1,\ldots,m_j - 2, \text{ der } m_j \text{ er multiplisiteten}$$
$$\text{til } t_j \text{ og } s \text{ er periodisk med periode } L\}$$

er et lineært rom av dimensjon n. Det kan også vises at $\{B^\circ_{j,k}\}$ er en basis for dette rommet
(Schumaker [40]).

Dersom skjøtfølgen t har distinkte skjøter kan rommet $S^\circ_{k,t} = \text{span}\{B^\circ_{j,k}\}$ defineres som et
topologisk underrom av $C^{k-2}(\mathbf{s^1})$. Med dette menes at elementene i $S^\circ_{k,t}$ har $k-2$ kontin-
uerlige deriverte og det arver den topologiske struktur som vi måtte ha gitt til $C^{k-2}(\mathbf{s^1})$. I
det henseende kan man bemerke at alle normerte topologier på $S^\circ_{k,t}$ er ekvivalente ettersom
rommet er endeligdimensjonalt og følgelig homeomorft med et euklidsk rom. På den annen
side er det et lukket underrom av $C^{k-2}(\mathbf{s^1})$ hvis og bare hvis $C^{k-2}(\mathbf{s^1})$ er komplett (Holm
& Reed [19]).

La oss se hvordan standardegenskaper for ikke-periodiske B-splines lar seg overføre til
periodiske.

- Positivitet:
$$B^\circ_{j,k}(x) > 0 \quad \text{for alle } x \in (t_j, t_{j+k}) \tag{1.5}$$

- Lokal bærer:

$$B^{\circ}_{j,k}(x) = 0 \quad \text{for alle } x \notin \bigcup_{i \in \{j+n\mathbb{Z}\}} [t_j, t_{j+k}] \tag{1.6}$$

- Kontinuitet:

$$\forall a \in [t_j, t_{j+k}) \quad \lim_{x \to a} B^{\circ}_{j,k}(x) = B^{\circ}_{j,k}(a) \quad k = 1, 2, 3, \dots \tag{1.7}$$

- Partisjon av enheten:

$$\sum_{j=\mu-k+1}^{\mu} B^{\circ}_{j,k}(x) = 1 \quad \text{for alle } x \in [t_\mu, t_{\mu+1}) \tag{1.8}$$

- Arealformel:

$$\int_{t_j}^{t_{j+k}} B^{\circ}_{j,k} = \frac{t_{j+k} - t_j}{k} \tag{1.9}$$

- Derivasjonsformel[1]:

$$\frac{d}{dx} B^{\circ}_{j,k} = (k-1)(\omega^{\circ\prime}_{j,k} B^{\circ}_{j,k-1} - \omega^{\circ\prime}_{j+1,k} B^{\circ}_{j+1,k-1}) \tag{1.10}$$

Påstandene kan bevises induktivt, analogt med det ikke-periodiske tilfellet.

Ovenfor brukes uttrykk som bærer (1.6) og partisjon av enhet (1.8). La oss definere eksplisitt hva som menes med dette.

Definisjon 1.1 *Hvis X er et topologisk rom og $f \in C(X)$, så er* **bæreren** *til f,*

$$supp(f),$$

den minste lukkede mengde i X som inneholder punktene hvor f ikke forsvinner, med andre ord:

$$supp(f) = cl(f^{-1}(\{0\}^c)).$$

Dersom $supp(f)$ er kompakt sier man at f har en **kompakt bærer.**□

---

[1]De periodiske omega defineres som den periodiske utvidelsen av

$$\omega_{j,k}(x)\chi_{[t_j, t_{j+k-1})}(x)$$

med hensyn på $\mathbb{R}/p$ (se lemma 1.1). For å bevise (1.10) kan man bruke den analoge formelen for $\frac{d}{dx} B_{j,k}$ og metoden i beviset for lemma 1.1.

Ved å betrakte (1.6) over kvotienten $\mathbb{R}/p$ ser vi at bæreren er lokal og kompakt med hensyn på kvotient-topologien.

Definisjon 1.2 *Hvis X er et topologisk rom og $E \subseteq X$, så mener man med en* **partisjon av enheten** *på E en samling $\{h_\alpha\}_{\alpha \in A}$ av funksjoner i $C(X, [0,1])$ slik at*

1. *hver $x \in X$ har en omegn hvor kun et endelig antall h_α'er er ulik null, og*

2. *$\sum_{\alpha \in A} h_\alpha(x) = 1$ for $x \in E$.*

□

Generaliteten i definisjonene gjør at man senere kan snakke om tilsvarende egenskaper for såkalte diskrete periodiske B-splines.

1.1.2   Periodiske splines og polynomer; Marsdens identitet

Observasjon 1.1 *I motsetning til $S_{k,t}$ inneholder ikke $S^o_{k,t}$ generelt et polynomrom av grad $k-1$, da polynomene av grad > 1 er ikke-periodiske.*

bevis:

Dette kan vises ved å anta det motsatte. La p være et periodisk polynom av grad $k-1$ med glatthet $k-2$. Da gjelder for passende valgt $a, b \in \mathbb{R}$, $p(x) = c_{k-1}x^{k-1} + c_{k-2}x^{k-2} + \cdots + c_0$,

$$
\begin{aligned}
p(a) &= p(b) \\
p'(a) &= p'(b) \\
&\vdots \\
p^{(k-2)}(a) &= p^{(k-2)}(b).
\end{aligned}
$$

Dette impliserer at

$$
\begin{aligned}
c_{k-1}(a^{k-1} - b^{k-1}) \;+\; c_{k-2}(a^{k-2} - b^{k-2}) \;+\; \cdots \;+\; c_2(a^2 - b^2) \;+\; c_1(a - b) &= 0 \\
(k-1)c_{k-1}(a^{k-2} - b^{k-2}) \;+\; (k-2)c_{k-2}(a^{k-3} - b^{k-3}) \;+\; \cdots \;+\; 2c_2(a - b) &= 0 \\
\vdots \quad\quad\quad &\vdots \\
(k-1)!c_{k-1}(a - b) &= 0.
\end{aligned}
$$

Hvilket betyr

$$c_i = 0 \quad i = 1, 2, \ldots, k.$$

De eneste polynomene som blir igjen er konstantene. □

På den annen side vil Marsdens identitet, som er en lokal identitet, gjelde for alle $y \in \mathbb{R}$ og alle x i intervallet $[t_\mu, t_{\mu+1})$.

Teorem 1.1 (Marsdens identitet) *For alle $y \in \mathbb{R}$ og alle x i intervallet $[t_\mu, t_{\mu+1})$ gjelder*

$$(x - y)^{k-1} = \sum_{j=\mu-k+1}^{\mu} \psi^\circ_{j\bmod n,k}(y) B^\circ_{j\bmod n,k}(x) \quad hvor \quad \psi^\circ_{j,k}(y) = \prod_{i=1}^{k-1}(t_{(j+i)\bmod n} - y) \quad (1.11)$$

Med indeksen $j \bmod n$ menes heltallet j modulo n, dvs. resten ved divisjon n/j. I vårt tilfelle har vi $j \in [-n, 2n]$ og vi får da

$$j \bmod n = \begin{cases} j - n & for\ j \geq n \\ j & for\ j \in \{0, 1, \ldots, n-1\} \\ j + n & for\ j < 0 \end{cases}$$

bevis:

Vi benytter induksjon på k og lemma 1.1 nedenfor.

For $k = 1$ følger (1.11) fra

$$\begin{aligned} B^\circ_{\mu,1}(x) &= 1 \quad \text{på} \quad [t_\mu, t_{\mu+1}) \\ \psi^\circ_{\mu,1}(x) &= 1 \quad \text{på} \quad [t_\mu, t_{\mu+1}). \end{aligned}$$

Anta (1.11) holder for B-splines av orden $k - 1$. Fra (1.12) i lemma 1.1 får vi

$$\begin{aligned} g_k &= \sum_{j=\mu-k+1}^{\mu} \psi^\circ_{j\bmod n,k}(y) B^\circ_{j\bmod n,k}(x) \\ &= \sum_{j=\mu-k+2}^{\mu} c_j B^\circ_{j\bmod n,k-1}(x) \end{aligned}$$

hvor

$$c_j = \omega^\circ_{j\bmod n,k}(x)\psi^\circ_{j\bmod n,k}(y) + (1 - \omega^\circ_{j\bmod n,k}(x))\psi^\circ_{(j-1)\bmod n,k}(y).$$

Ved å om-nummerere høyresiden får vi

$$
\begin{aligned}
\text{h. s.} \;&=\; \omega_{2,k}(x)\psi_{2,k}^{\circ}(y) + (1 - \omega_{2,k}(x))\psi_{1,k}^{\circ}(y) \\
&=\; \frac{(x - t_2)\psi_{2,k}^{\circ}(y) + (t_{2+k-1} - x)\psi_{1,k}^{\circ}(y)}{t_{2+k-1} - t_2} \\
&=\; \frac{(x - t_2)(t_{2+k-1} - y) + (t_{2+k-1} - x)(t_2 - y)}{(t_{2+k-1} - t_2)}\left[\prod_{i=2}^{k-1}(t_{1+i} - y)\right] \\
&=\; (x - y)\psi_{2,k-1}^{\circ}(y).
\end{aligned}
$$

Ved å gi uttrykket tilbake den opprinnelige nummereringen etableres

$$
c_j = (x - y)\psi_{j\bmod n,k-1}^{\circ}(y).
$$

Herav får vi

$$
\begin{aligned}
g_k \;&=\; (x - y)\sum_{j=\mu-k+2}^{\mu} \psi_{j\bmod n,k-1}^{\circ}(y)B_{j\bmod n,k-1}^{\circ}(x) \\
&=\; (x - y)g_{k-1}.
\end{aligned}
$$

Vi har imidlertid $g_{k-1} = (x - y)^{k-2}$ ved induksjonshypotesen, og påstand (1.11) er bevist.
□

Lemma 1.1 *For alle* $x \in [t_{\mu}, t_{\mu+1})$ *gjelder*

$$
\sum_{j=\mu-k+1}^{\mu} c_j B_{j\bmod n,k}^{\circ}(x) = \sum_{j=\mu-k+2}^{\mu} c_j^{*} B_{j\bmod n,k-1}^{\circ}(x) \tag{1.12}
$$

hvor

$$
c_j^{*} = \omega_{j,k}^{\circ}c_j + (1 - \omega_{j,k}^{\circ})c_{j-1}
$$

og

$$
\omega_{j,k}^{\circ}(x) = \sum_{j\in\{i+n\mathbb{Z}\}} \omega_{j,k}(x)\chi_{[t_j,t_{j+k-1})}(x)
$$

for alle $i \in \mathbb{Z}$.

bevis:

La oss identifisere kvotienten $\mathbb{R}/p$, hvor p er gitt ved (1.2), med en periode

$$
\mathbb{R}/p \simeq [t_{\mu-k+1}, t_{\mu-k+1} + L).
$$

Ettersom $B_{i,k}^o(x)$ og $\omega_{j,k}^o(x)$ er periodiske funksjoner på ℝ har de en modulær nummerering over ℝ$/p$.

La oss bruke rekursjonsformelen (1.1) på området $[t_{\mu-k+1}, t_{\mu-k+1} + 2L)$. Ved periodisiteten er $B_{j,k}(x) = B_{j+in,k}(x+iL)$ så $B_{j,k}^o(x) = B_{j+in,k}^o(x)$ og $\omega_{j,k}^o(x) = \omega_{j+in,k}^o(x)$;

$$B_{j\mathrm{modn},k}^o(x) = \omega_{j\mathrm{modn},k}^o(x)B_{j\mathrm{modn},k-1}^o(x) + (1 - \omega_{(j+1)\mathrm{modn},k}^o(x))B_{(j+1)\mathrm{modn},k-1}^o(x). \quad (1.13)$$

Dersom man restrikterer seg til å studere B-splines på $[t_{\mu-k+1}, t_{\mu-k+1} + L)$ så holder fortsatt (1.13), slik at for en gitt spline s på intervallet $[t_\mu, t_{\mu+1})$ gjelder

$$
\begin{aligned}
s(x) &= \sum_{j=\mu-k+1}^{\mu} c_j B_{j\mathrm{modn},k}^o(x) \\
&= \sum_{j=\mu-k+1}^{\mu} c_j [\omega_{j\mathrm{modn},k}^o(x)B_{j\mathrm{modn},k-1}^o(x) + (1 - \omega_{(j+1)\mathrm{modn},k}^o(x))B_{(j+1)\mathrm{modn},k-1}^o(x)] \\
&= \sum_{j=\mu-k+1}^{\mu} c_j\omega_{j\mathrm{modn},k}^o(x)B_{j\mathrm{modn},k-1}^o(x) + \sum_{j=\mu-k+2}^{\mu+1} c_{j-1}(1 - \omega_{j\mathrm{modn},k}^o(x))B_{j\mathrm{modn},k-1}^o(x).
\end{aligned}
$$

Ved egenskapen om lokal bærer (1.6) har vi at

$$B_{(\mu-k+1)\mathrm{modn},k-1}^o(x) = B_{(\mu+1)\mathrm{modn},k-1}^o(x) = 0,$$

og fra dette følger (1.12). □

En fundamental egenskap ved Marsden-polynomene $\psi_{j,k}^o(y)$, definert ved (1.11), er at de er lineært uavhengige. I teorien for konvertering av splines mellom skjøt-vektorer, som behandles i kapittel 3, utnytter flere av teoremene lemma 1.2.

Lemma 1.2 *Dersom* $t_\mu < t_{\mu+1}$ *og perioden inneholder minst* $k+1$ *distinkte skjøter, er*

$$\psi_{j,k}^o(y) = \prod_{i=1}^{k-1}(t_{(j+i)\mathrm{modn}} - y)$$

lineært uavhengige for $j = \mu - k + 1, \ldots, \mu.$

bevis :

Beviset føres ved induksjon. For $k = 1$ må man vise at

$$c_\mu(t_\mu - x) + c_{\mu+1}(t_{(\mu+1)\mathrm{modn}} - x) = 0$$

impliserer at $c_\mu = c_{\mu+1} = 0$. Ved først å velge $x = t_\mu$ så blir $c_{\mu+1} = 0$. Ved deretter å velge $x = t_{(\mu+1)\mathrm{mod}n}$ så blir $c_\mu = 0$.

Anta nå at påstanden holder for alle skjøt-følger t med $t_\mu < t_{\mu+1}$ dersom polynomene er av grad $\le k - 1$, og perioden inneholder k distinkte skjøter.

Anta perioden til t inneholder minst $k+1$ distinkte skjøter. Betrakt så Marsden-polynomene av orden k. Ved å sette $x = t_\mu$ i

$$
\begin{aligned}
&c_1\big(t_{(\mu-k)\mathrm{mod}n} - x\big)\big(t_{(\mu-k+1)\mathrm{mod}n} - x\big)\cdots\big(t_\mu - x\big) \\
&+c_2\big(t_{(\mu-k+1)\mathrm{mod}n} - x\big)\cdots\big(t_\mu - x\big)\big(t_{(\mu+1)\mathrm{mod}n} - x\big) \\
&\quad\vdots \\
&+c_{k-1}\big(t_\mu - x\big)\big(t_{(\mu+1)\mathrm{mod}n} - x\big)\cdots\big(t_{(\mu+k-1)\mathrm{mod}n} - x\big) \\
&+c_k\big(t_{(\mu+1)\mathrm{mod}n} - x\big)\cdots\big(t_{(\mu+k-1)\mathrm{mod}n} - x\big)\big(t_{(\mu+k)\mathrm{mod}n} - x\big) = 0
\end{aligned}
$$

får man at $c_k = 0$ dersom $t_{(\mu+i)\mathrm{mod}n} \ne t_\mu$ for $i = 1, 2, \ldots, k$. Vi observerer at $t_{(\mu+i)\mathrm{mod}n} \ne t_\mu$ da vi har $k + 1$ distinkte skjøter.

Dersom $x \ne t_\mu$ er de resterende polynomene delelige med $(t_\mu - x)$. Ved å dele ut får man likningen

$$
\begin{aligned}
&c_1\big(t_{(\mu-k)\mathrm{mod}n} - x\big)\big(t_{(\mu-k+1)\mathrm{mod}n} - x\big)\cdots\big(t_{(\mu-1)\mathrm{mod}n} - x\big) \\
&+c_2\big(t_{(\mu-k+1)\mathrm{mod}n} - x\big)\cdots\big(t_{(\mu-1)\mathrm{mod}n} - x\big)\big(t_{(\mu+1)\mathrm{mod}n} - x\big) \\
&\quad\vdots \\
&+c_{k-1}\big(t_{(\mu-1)\mathrm{mod}n} - x\big)\big(t_{(\mu+1)\mathrm{mod}n} - x\big)\cdots\big(t_{(\mu+k-1)\mathrm{mod}n} - x\big) = 0
\end{aligned}
$$

som ved induksjonshypotesen gir at

$$
c_1 = c_2 = \cdots = c_{k-1} = 0
$$

da $t_{(\mu-1)\mathrm{mod}n} < t_{(\mu+1)\mathrm{mod}n}$ og perioden til $t \setminus \{t_\mu\}$ inneholder minst k distinkte skjøter. Følgelige er påstanden bevist for alle positive heltall $k < n$. $\square$

Eksempel 1.1 *Betingelsen om $k+1$ distinke skjøter er sentral. Anta*

$$(t_1, t_2, t_3, t_4) = (0, 0, 1, 2),$$
$$k = 2,$$
$$\mu = 2,$$
$$n = 3.$$

Da er $t_{(\mu+2)\mathrm{modn}} = t_{\mu-1} = t_\mu$, og

$$\psi^\circ_{\mu-k+1}(y) = \psi^\circ_1(y) = \prod_{i=1}^{k-1}(t_{(1+i)\mathrm{modn}} - y) = (0 - y)(1 - y)$$
$$\psi^\circ_\mu(y) = \psi^\circ_2(y) = \prod_{i=1}^{k-1}(t_{(2+i)\mathrm{modn}} - y) = (1 - y)(0 - y).$$

Konklusjonen i lemma 1.2 holder ikke. □

Eksempelet illustrerer også det faktum at polynomet $\psi^\circ_{j,k}(y)$ har sine røtter på de indre skjøtene til $B^\circ_{j\mathrm{modn},k}(x)$ på perioden $\mathbb{R}/p$. Ved å definere $\psi^\circ_{j,k}$ ved (1.11) har $\psi^\circ_{j,k}$ en periodisk utvidelse som har sine røtter på de indre skjøtene til $B^\circ_{j,k}$ over hele $\mathbb{R}$.

1.1.3 Implementasjon av periodiske splines

Periodiske B-splines kan realiseres på flere måter dersom de skal implementeres på en datamaskin.

1. Da spline-rommet inneholder nøyaktig n basisfunksjoner vil en mulighet være å benytte en skjøtvektor med $n + k$ skjøter og n B-splines nummerert ved n av disse skjøtene. For å finne den splinen man trenger kan man regne seg modulært fram. Det er heller ikke nødvendig å lagre flere enn n koeffesienter $\{c_i\}_{i=1}^n$.

2. Det skulle også være mulig å utnytte sirkelstrukturen for perioden til de periodiske B-splines. Vi kan tenke oss B-splines som komplekse funksjoner, hvis argumenter gis på formen $z = (\cos t, i \sin t)$.

3. Jeg har valgt å se på en periode L for en uendelig skjøtfølge t. På perioden er det kun $n + k$ interessante basisfunksjoner og k av disse har felles koeffesienter. Med andre ord kan vi definere en skjøtvektor som inneholder alle skjøter på L samt skjøtene for de B-splines som har en bærer som vil snitte innom perioden. Vi registrerer at alle periodiske splines beskrives entydig på denne måten.

En fordel ved alternativ 3 er at mange algoritmer og programmer for ikke-periodiske lar seg tilpasse periodiske splines. For eksempel kan vi derivere, finne antideriverte og integrere ved hjelp av de metoder som allerede er utviklet.

1.2 Kondisjonstall for $n \times n$-matriser med hensyn på invertering

Ved studier av stabilitet for problemer knyttet til B-splines utgjør kondisjonstallet for matriser m. h. p. invertering en vesentlig rolle.

Uttrykket matematisk stabilitet spiller på at det er en kontinuerlig sammenheng mellom initialdata og løsning for et problem, en sammenheng som er en forutseting for numerisk arbeid. Dersom en datamaskin arbeider med en algoritme vil maskinens endelig presisjon føre til at det gjøres avrundingsfeil. Et mål er derfor å konstruere algoritmer som er lite sensible for numerisk støy, og for at det skal ha mening å lage slike algoritmer må det matematiske problemet man løser være velstilt.

Med et velstilt problem menes:

- Problemet har en løsning.

- Løsningen er entydig.

- Løsningen er kontinuerlig avhengig av problemet, dvs. problemet er stabilt.

I det følgende ser vi på definisjoner og egenskaper for kondisjonstallet, spesielt sammenhengen mellom kondisjonstall og ortogonale matriser. Resultatene her motiverer til approksimasjon av kondisjonstallet og anvendelser på cykliske matriser. La oss først se på spektralkondisjonering (kondisjonering i l_2-norm) for $n \times n$-matriser med hensyn på invertering.

Notasjonen $GL(n)$ brukes ekstensivt nedover som forkortelse for den generelle lineære gruppen av reelle invertible (regulære) $n \times n$-matriser (Holm & Reed [19]).

Definisjon 1.3 *La* $\| \cdot \|$ *være operatornormen til matriserommet* $GL(n)$. *Da defineres*

$$\mathcal{K}(\mathbf{A}) = \sup \frac{\|\mathbf{A}\mathbf{x}\|}{\|\mathbf{x}\|} / \inf \frac{\|\mathbf{A}\mathbf{x}\|}{\|\mathbf{x}\|}$$

og kalles kondisjonstallet til $\mathbf{A}$ *med hensyn på invertering.*□

Vi observerer at definisjonen kan formuleres ekvivalent som

$$\mathcal{K}(\mathbf{A}) = \sup \frac{\|\mathbf{A}\mathbf{x}\|}{\|\mathbf{x}\|} \sup \frac{\|\mathbf{x}\|}{\|\mathbf{A}\mathbf{x}\|}, \tag{1.14}$$

og

$$\mathcal{K}(\mathbf{A}) = \|\mathbf{A}\| \|\mathbf{A}^{-1}\| \tag{1.15}$$

dersom $\mathbf{A}$ er en invertibel matrise[2].

La $(\mathbf{A} + \Delta\mathbf{A})$ og $(\mathbf{b} + \Delta\mathbf{b})$ være pertubasjoner av henholdsvis $\mathbf{A}$ og $\mathbf{b}$. Fra litteraturen (Kahan [22]) har man følgende grunnleggende resultater:

---

[2]Påstandene (1.14) og (1.15) kan bevises på følgende måte:
Ved definisjonen av operatornormen er $\|\mathbf{A}\| = \sup \frac{\|\mathbf{A}\mathbf{x}\|}{\|\mathbf{x}\|}$.
Vi setter $\mathbf{y} = \mathbf{A}\mathbf{x}$.

$$
\begin{aligned}
\|\mathbf{A}^{-1}\| &= \sup \frac{\|\mathbf{A}^{-1}\mathbf{y}\|}{\|\mathbf{y}\|} \\
&= \sup \sqrt{\frac{\mathbf{y}^T \mathbf{A}^{-T} \mathbf{A}^{-1} \mathbf{y}}{\mathbf{y}^T \mathbf{y}}} \\
&= \sup \sqrt{\frac{\mathbf{x}^T \mathbf{A}^T \mathbf{A}^{-T} \mathbf{A}^{-1} \mathbf{A}\mathbf{x}}{\mathbf{x}^T \mathbf{A}^T \mathbf{A}\mathbf{x}}} \\
&= \sup \sqrt{\frac{\mathbf{x}^T \mathbf{x}}{\mathbf{x}^T \mathbf{A}^T \mathbf{A}\mathbf{x}}} \\
&= \sup \frac{\|\mathbf{x}\|}{\|\mathbf{A}\mathbf{x}\|}
\end{aligned}
$$

For å vise den andre likheten er det tilstrekkelig å observere:
Anta $\mathbf{x}^*$ tilfredstiller

$$\frac{\|\mathbf{A}\mathbf{x}^*\|}{\|\mathbf{x}^*\|} = \inf \frac{\|\mathbf{A}\mathbf{x}\|}{\|\mathbf{x}\|}.$$

Da gjelder

$$\frac{\|\mathbf{A}\mathbf{x}^*\|}{\|\mathbf{x}^*\|} \leq \frac{\|\mathbf{A}\mathbf{x}\|}{\|\mathbf{x}\|} \quad \text{for alle } \mathbf{x}$$

Dette impliserer

$$\frac{\|\mathbf{x}\|}{\|\mathbf{A}\mathbf{x}\|} \leq \frac{\|\mathbf{x}^*\|}{\|\mathbf{A}\mathbf{x}^*\|} \quad \text{for alle } \mathbf{x}$$

Altså

$$\inf \frac{\|\mathbf{A}\mathbf{x}\|}{\|\mathbf{x}\|} \sup \frac{\|\mathbf{x}\|}{\|\mathbf{A}\mathbf{x}\|} = 1.$$

Herav gjelder påstandene (1.14) og (1.15). $\square$

Teorem 1.2 *Anta* $\mathbf{A} \in GL(n)$, $\mathbf{b}, \Delta\mathbf{b} \in \mathbb{R}^n, \mathbf{b} \neq 0$ *og* $\mathbf{A}\mathbf{x} = \mathbf{b}, \mathbf{A}(\mathbf{x} + \Delta\mathbf{x}) = \mathbf{b} + \Delta\mathbf{b}$.

Da gjelder

$$\frac{1}{\mathcal{K}(\mathbf{A})}\frac{\|\Delta\mathbf{b}\|}{\|\mathbf{b}\|} \leq \frac{\|\Delta\mathbf{x}\|}{\|\mathbf{x}\|} \leq \mathcal{K}(\mathbf{A})\frac{\|\Delta\mathbf{b}\|}{\|\mathbf{b}\|}.$$

Teorem 1.3 *Dersom man benytter eukliske operatornormer er*

$$\mathcal{K}(\mathbf{A}) = \frac{\sigma_{max}}{\sigma_{min}}$$

hvor $\{\sigma_i\}$ *er singulærverdiene til* $\mathbf{A}$.

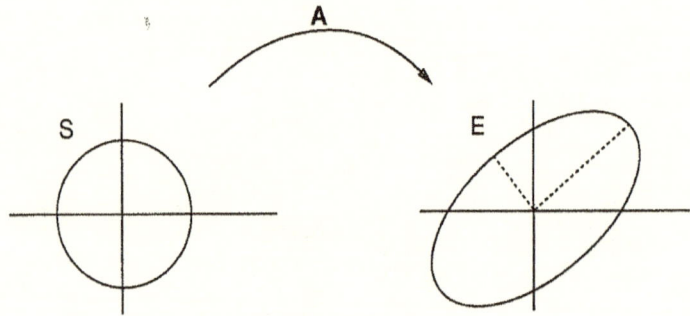

Figur 1.2: Kondisjonstall og elliptisitet

Dersom en matrise $\mathbf{A}$ har full rang har den positive singulær-verdier. Singulærverdiene til $\mathbf{A}$ er nøyaktig lengden av halvaksene til ellipsoiden E definert gjennom

$$E = \{\mathbf{y} : \mathbf{y} = \mathbf{A}\mathbf{x}, \ \mathbf{x} \in \mathbb{S}^{n-1}\}$$

(Golub & van Loan [16]).

Med andre ord betyr dette at kondisjonstallet er et mål på elliptisiteten til E. Dersom $\mathcal{K}(\mathbf{A}) = 1$ er E en sfære. Jo større $\mathcal{K}(\mathbf{A})$ er, desto flatere vil ellipsoiden E være.

1.2.1 Sammenhengen mellom kondisjonstallet og ortogonalgruppen.

Definisjon 1.4 *En matrise* $\mathbf{Q}$ *kalles ortogonal hvis* $\mathbf{Q}$ *bevarer det euklidske indreproduktet i* $\mathbb{R}^n$, *det vil si*

$$(\mathbf{Q}\mathbf{x}, \mathbf{Q}\mathbf{y}) = (\mathbf{x}, \mathbf{y})$$

for alle $\mathbf{x}$, $\mathbf{y}$ *i* $\mathbb{R}^n$. $\square$

Enhver ortogonal matrise er invertibel, og de ortogonale matrisene utgjør en undergruppe av $GL(n)$. Den kalles for den ortogonale gruppen og betegnes $O(n)$ (Holm & Reed [19]).

Ortogonalitet av $\mathbf{Q}$ er forøvrig ekvivalent med betingelsen

$$\mathbf{Q}^T\mathbf{Q} = \mathbf{I},$$

dvs. mengden av matriser som har sin transponerte som invers.

Teorem 1.4 $\mathcal{K}(\mathbf{A}) = 1 \Leftrightarrow \alpha\mathbf{A} \in O(n)$, *hvor* α *er en skalar.*

bevis:

Anta først $\alpha\mathbf{A} \in O(n)$, og sett $\mathbf{Q} = \alpha\mathbf{A}$. Da er $\mathbf{I} = \mathbf{Q}^T\mathbf{Q} = \alpha^2\mathbf{A}^T\mathbf{A}$ og alle singulærverdier til $\mathbf{A}$ er lik $\frac{1}{\alpha}$, hvilket betyr at $\mathcal{K}(\mathbf{A}) = 1$.

Anta så at $\mathcal{K}(\mathbf{A}) = 1$. Det betyr at det fins en $\lambda \in \mathbb{R}$ slik at alle singulærverdier til $\mathbf{A}$ er lik λ. La nå $\mathbf{x}$ være en vilkårlig vektor i $\mathbb{R}^n$. Egenrommet span$\{\phi_j\}$ til $\mathbf{A}^T\mathbf{A}$ har dimensjon n ettersom $\mathbf{A}^T\mathbf{A}$ er symmetrisk.

$$\mathbf{A}^T\mathbf{A}\mathbf{x} = \mathbf{A}^T\mathbf{A}(\sum_{i=1}^{n} c_i\phi_i) = \lambda^2(\sum_{i=1}^{n} c_i\phi_i) = \lambda^2\mathbf{x}.$$

Da gjelder

$$\mathbf{y}^T\mathbf{A}^T\mathbf{A}\mathbf{x} = \lambda^2\mathbf{y}^T\mathbf{x}$$

for alle $\mathbf{x},\mathbf{y}$ i $\mathbb{R}^n$. Spesielt

$$\mathbf{e}_i^T\mathbf{A}^T\mathbf{A}\mathbf{e}_j = \lambda^2\mathbf{e}_i^T\mathbf{e}_j$$

hvilket impliserer

$$\mathbf{A}^T\mathbf{A} = \lambda^2\mathbf{I}$$

altså eksisterer en α slik at $\alpha A \in O(n)$. $\square$

Neste teorem tar for seg transformasjoner som er invariante med hensyn på kondisjonstall. Med en rotasjonsmatrisen menes en matrise Q som er slik at dersom A mulitipliseres med Q, så betyr det at alle subkolonner i A med elementer fra i'te og j'te rad roteres med en vinkel θ. Dette behandles fyldigere i seksjon 2.2.5.

Korrolar 1.1 *Kondisjonstallet til en matrise* A *er invariant under rotasjon, speiling og permutasjon av matrisekolonner.*

bevis:

Vi starter med å observere at permutasjonsmatrisene er med i $O(n)$. La permutasjonsmatrisen P ha kolonner $\{p_j\}_{j=1}^n$ hvor $p_j = e_j$ bortsett fra $p_i = e_k$ og $p_k = e_i$. Matriseproduktet P^TP får da komponenter $p_i^T p_j = \delta_{i,j}$.

Når det gjelder speilinger så vet man at alle refleksjoner kan realiseres som Householderrefleksjoner. Med andre ord dersom vi velger $a, b \in R$, med $\|a\|_2 = \|b\|_2$ og $a \neq b$, så fins en ortogonal matrise $Q \in O(n)$ slik at $Qa = b$ (Lyche [30]).

Man kan også vise at en rotasjonsmatrise er ortogonal (Golub & van Loan [16]).

Ettersom $A^TQ^TQA = A^TA$ for alle $Q \in O(n)$ har QA og A samme singulærverdier og $\mathcal{K}(QA) = \mathcal{K}(A)$. $\square$

Et geometrisk objekt som er invariant under ortogonal-transformasjoner er enhets-sfæren

$$S^{n-1} = \{x \in R^n : \quad \|x\| = 1\}.$$

Dersom $x \in S^{n-1}$ er Qx inneholdt i S^{n-1}.

1.2.2 Øvre grense for kondisjonstallet

Vi gjør to observasjoner:

Observasjon 1.2 *Kondisjonstallet*

$$\mathcal{K} : GL(n) \to [1, \infty)$$

er kontinuerlig dersom $GL(n)$ underordnes en vektorroms-topologi.

bevis:

Med hensyn på kontinuitet er alle vektorroms-topologier på $GL(n)$ ekvivalente. Ved Minkowski-ulikheten for operatornormer er normfunksjonen kontinuerlig, dvs.

$$\big| \|\mathbf{A}\| - \|\mathbf{B}\| \big| \le \|\mathbf{A} - \mathbf{B}\|.$$

Da er også produktet

$$\|\mathbf{A}\|\|\mathbf{B}\|$$

kontinuerlig.

Dersom $U \times V$ er en åpen omegn om $(\mathbf{A}, \mathbf{A}^{-1})$, er U en åpen omegn om $\mathbf{A}$.

Da komposisjonen av kontinuiteter er kontinuerlig, er $\mathcal{K}$ kontinuerlig.□

Observasjon 1.3 *La $\{a_i\}$ være kolonnene i $\mathbf{A}$. Da er*

$$\mathcal{K}(\mathbf{A}) = \frac{\sup \|a_i\|}{\inf \|a_i\|}$$

for alle matriser $\mathbf{A}$ med ortogonal kolonne-basis.

bevis:

Da $\mathbf{A}$ er invertibel har den positive singulærverdier, og kan dekomponeres

$$\mathbf{U}^T \mathbf{A} \mathbf{V} = \mathbf{S}$$

hvor $\mathbf{U}, \mathbf{V} \in O(n)$ og $\mathbf{S}$ er en diagonalmatrise inneholdene de n singulærverdiene.

Definer en matrise

$$
\mathbf{D} = \begin{pmatrix} \frac{1}{\|\mathbf{a}_1\|} & & & \\ & \frac{1}{\|\mathbf{a}_2\|} & & \\ & & \ddots & \\ & & & \frac{1}{\|\mathbf{a}_n\|} \end{pmatrix}.
$$

Matrisen $\mathbf{U} = \mathbf{AD}$ er ortogonal med den egenskap at $\mathbf{U}^T\mathbf{A}$ er en diagonalmatrise. La så $\mathbf{V} = \mathbf{I}$ og man har

$$
\begin{aligned}
\mathbf{U}^T\mathbf{AV} &= \mathbf{D}^T\mathbf{A}^T\mathbf{AI} \\
&= \mathbf{DD}^{-2} \\
&= \mathbf{D}^{-1}
\end{aligned}
$$

Med andre ord har matrisen $\mathbf{A}$ singulærverdier

$$
\|\mathbf{a}_1\|, \|\mathbf{a}_2\|, \ldots, \|\mathbf{a}_n\|.
$$

$\square$

Vi har nå en rekke egenskaper ved kondisjonstallet, og vi prøver å benytte disse for å konstruere en enkel funksjon som approksimerer $\mathcal{K}$.

Hypotese 1.1 *La $\{\mathbf{a}_i\}$ være kolonnene i $\mathbf{A}$, og $(\cdot, \cdot)$ være det euklidske indreprodukt. Funksjonen*

$$
\mathcal{O} : GL(n) \to [1, \infty)
$$

$$
\mathcal{O}(\mathbf{A}) = \left(\frac{\sup \|\mathbf{a}_i\|}{\inf \|\mathbf{a}_j\|} \right) \left(\frac{1}{1 - \sup \frac{|(\mathbf{a}_i, \mathbf{a}_j)|}{\|\mathbf{a}_i\|\|\mathbf{a}_j\|}} \right) \tag{1.16}
$$

fungerer som en øvre grense for kondisjonstallet $\mathcal{K}$ i en omegn om ortogonalmatrisene, dvs. for matriser $\mathbf{A}$ som tilfredstiller

$$
\|(\mathbf{Ax}, \mathbf{Ay}) - (\mathbf{x}, \mathbf{y})\| < \epsilon
$$

for alle $\mathbf{x}, \mathbf{y} \in \mathbb{R}^n$ og en gitt ϵ.

Figuren 1.2 illustrerer en 2×2 transformasjon $\mathbf{A}$ av en sirkel S til en ellipse E. Halvaksene i E representerer singulærverdiene til $\mathbf{A}$. Figuren illustrerer hvorfor kondisjonstallet er invariant under ortogonaltransformasjoner og rimeliggjør hypotesen om nesten-ortogonale matriser A. Basisen $\{e_1, e_2\}$ i S^1 avbildes inn i første kvadrant på E. Dersom E ikke er rotert i noen særlig grad vil forholdet mellom lengdene og vinkelen mellom $A(e_1)$ og $A(e_2)$ gi informasjonom elliptisiteten til E.

Vi registrerer at formelen (1.16) tilfredstiller betingelsene

1. $\mathcal{O}(A) = 1$ hvis og bare hvis $\alpha A \in O(n)$.

2. $\mathcal{O}(A)$ vokser ubegrenset dersom A nærmer seg en singulær matrise.

3. For matriser med ortogonal kolonne-basis er $\mathcal{O}(A) = \mathcal{K}(A)$.

4. $\mathcal{O}$ er kontinuerlig.

5. $\mathcal{O}$ invariant under speilinger og permutasjoner

Eksperimenter med vilkårlige diagonaldominante stokastiske 2×2-matriser i MATLAB bekrefter hypotesen. Figur 1.3 illustrerer 30 tilfeldige matriser. Kondisjonstallet er lineær-interpolert med stiplet linje, og ortogonaliteten er heltrukken.

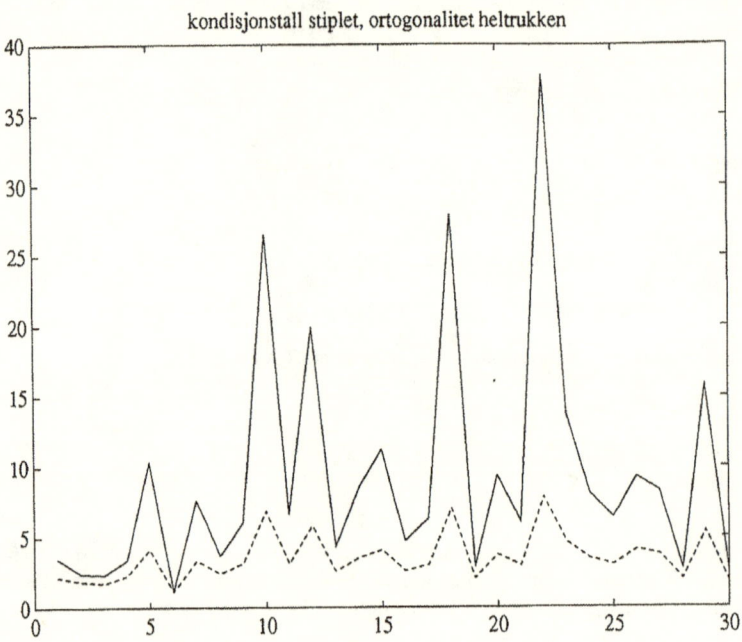

Figur 1.3: Kondisjonstall og ortogonalitet i GL(2)

Figuren viser hvordan avbildningen $\mathcal{O}$ lineærinterpolert med heltrukken linje ligger over kondisjonstallet.

Eksperimenter med $n \times n$-matriser $n > 2$ har imidlertid skapt utfordringer. En mangel ved avbildningen (1.16) er at den ikke tar hensyn til rotasjoner.

Kravet om nesten-ortogonalitet i hypotesen er ekvivalent med

$$\|A^T A - I\| < \epsilon.$$

Dette kan tolkes som et krav om sterk diagonaldominans, altså diagonalelementene er forholdsvis store sammenliknet med de resterende elementer. En test med sterkt diagonaldominante 5×5-matriser ($\epsilon = 200$) gir data som illustrert ved figur 1.4. Testfunksjonen er heltrukken.

Jo større dimensjon på problemet desto større diagonaldominans må matrisen ha.

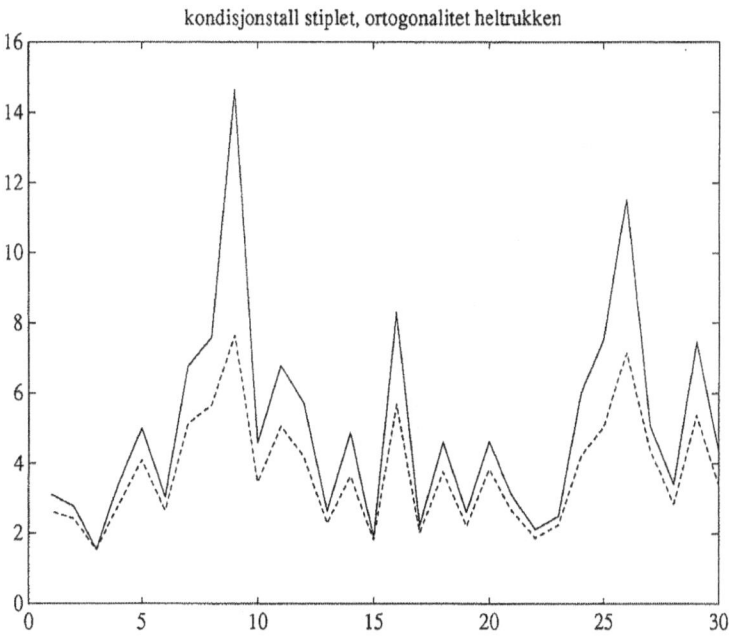

Figur 1.4: Kondisjonstall og ortogonalitet i GL(5)

Studium av hvordan kondisjonstallet oppfører seg har en sentral rolle innenfor B-spline teori (Lyche [31]). Et viktig moment er sammenhengen mellom kondisjonstallet til kollokasjonsmatrisen og kondisjonstall for en basis av B-splines. Kondisjonstallet for en basis har dyptloddende implikasjoner. Mer om dette i seksjon 3.3.

Studier behandlet i dette avsnittet kan være vesentlig for forståelse av kondisjonstallets natur (de Finetti [10], Pólya [36]).

1.2.3   Definisjon av cykliske matriser

Definisjon 1.5 *Med en cyklisk matrise* **A** *menes her en båndmatrise med høyre og venstre båndbredder* r *og* l *og med hjørne-elementer, dvs.*

$$a_{i,j} = 0 \quad for\ j = i + l, i + l + 1, \ldots, i + n - r \quad (mod\ n).$$

□

Dersom man ønsker å løse problemet

$$\mathbf{Ax = b},$$

hvor **A** er en cyklisk matrise, kan man deformere matrisen ved hjelp av permutasjonsmatriser **P** og **Q**,

$$\mathbf{PAQ}^T, \tag{1.17}$$

uten at dette påvirker kondisjonstallet til matrisen.

Eksempel 1.2 *Et cyklisk tri-diagonalt system kan se slik ut:*

$$\mathbf{A} = \begin{pmatrix} x & x & & & & x \\ x & x & x & & & \\ & x & x & x & & \\ & & x & x & x & \\ & & & x & x & x \\ x & & & & x & x \end{pmatrix}.$$

Ved å velge permutasjonsmatrise $\mathbf{P} = [\mathbf{e}_2, \mathbf{e}_3, \ldots, \mathbf{e}_n, \mathbf{e}_1]$ *kan (1.17) bringes på formen*

$$\mathbf{PA} = \begin{pmatrix} x & & & & x & x \\ x & x & & & & x \\ x & x & x & & & \\ & x & x & x & & \\ & & x & x & x & \\ & & & x & x & x \end{pmatrix}.$$

□

Algoritmene for periodiske B-splines i denne rapporten benytter seg imidlertid av egenskaper ved den originale cykliske matrisen slik at det ikke er aktuelt å permutere.

1.3 Digital spektralanalyse

En viktig del av digital signalbehandling er rekonstruksjon av periodiske digitale signaler til kontinuerlige signaler. La oss tenke oss at man sampler en orgel-tone digitalt og ønsker å gjengi denne via et elektronisk musikkmedium.

Den klassiske teknologi for samplingsteori utnytter Fourier-analysen, og rekonstruerer et signal fra sampelet ved hjelp av trigonometriske rekker. Ortogonaliteten og komplettheten av $\{e^{ik2\pi}\}_{k=-\infty}^{\infty}$ for rommet av kontinuerlige periodiske funksjoner sikrer at slike metoder fungerer. Jeg diskuterer her en enkel måte for rekonstruksjon av periodiske signaler ved hjelp av periodiske B-splines.

1.3.1 B-spline rekonstruksjon av det periodiske kontinuerlige signal

Dersom man setter en membran eller en stemmegaffel i svingninger, vil svingningene bre seg som fortetninger eller fortynninger i luften. Mekaniske svingninger med frekvens i området $20 Hz - 20\,000 Hz$ oppfattes som lyd. Når det gjelder tonene, så er de tilkjennegitt ved sin frekvens. Kammertonen ligger på $440 Hz$. To toner med samme frekvens, for eksempel en enstrøken c, som spilles på et piano og en klarinett kan separeres ved sin klangfarge. Figur 1.5 illustrerer denne forskjellen.

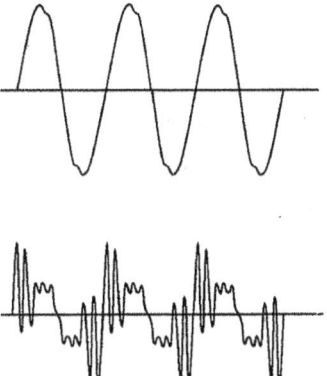

Figur 1.5: Klangfarger fra et strengeinstrument (piano) og et treblåseinstrument (klarinett)

La oss sample verdier fra en slik tone, og rekonstruere den ved hjelp av en periodisk B-spline.

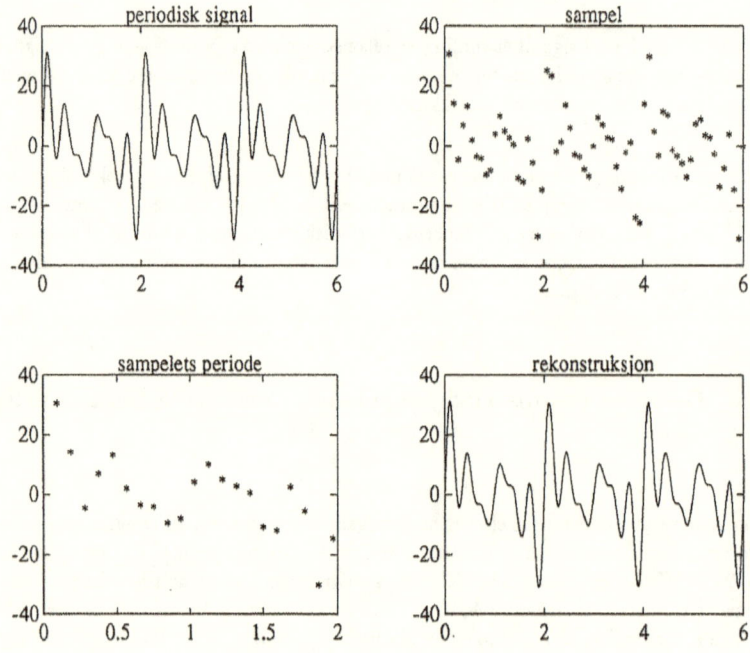

Figur 1.6: Rekonstruksjon av periodisk signal ved B-splines

I figur 1.6 demonstreres en teknikk for rekonstruksjon av periodiske signaler. Vi starter med å sample signalet i uniforme tidsintervaller kT hvor $k \in \mathsf{N}$. Samplingsverdier kan så brukes til å bestemme perioden L for signalets laveste frekvens. På intervallet $[0, L)$ konstruerer vi en data-approksimasjon med periodiske B-splines, og signalet kan gjengis med vilkårlig lengde over tidsintervallet $[t_0, t], t \geq t_0$.

La hele sampelet være gitt ved

$$\{(t_0 + kT, y_k)\}_{k=0}^{N},\tag{1.18}$$

og dets første periode være

$$\{(t_0 + kT, y_k)\}_{k=0}^{n-1}.\tag{1.19}$$

Jeg velger å se på rekonstruksjonen av signalet på perioden ved kubiske periodiske B-splines og interpolasjon. På denne måten er vi sikret et kompromiss mellom effektivitet og approksimasjon.

Når det gjelder konkrete metoder for interpolasjon, så viser det seg at metodene kan bli meget effektive. Spesialkonstruerte interpolasjonsalgoritmer, hvor skjøtene legges i interpolasjonspunktene, kan lages med arbeidsestimat av lineær orden. Utvikling av slike metoder er imidlertid tema for seksjon 2.2.

La oss se på effektiviteten for de klassiske algoritmene. Fast Fourier Transform er kun rask i den forstand at den er en rask metode for å beregne den diskrete Fourier transformen, dvs. den er ikke noen ny transform i seg selv.

Beregningen av N frekvenskomponenter fra N sampel-verdier krever N^2 komplekse multiplikasjoner ved en vanlig Diskret Fourier Transform (Broch [4]). I forsøk på å redusere antallet multiplikasjoner oppdaget man på midten av 60-tallet at dersom $N = 2^r$ kunne det konstrueres en rekursiv algoritme av orden $\mathcal{O}(N \log_2 N)$, se [4]. Algoritmen kalles ofte Radix 2 Fast Fourier Transform. Det fins også andre tilsvarende metoder for generering av frekvens-spektra og rekonstruksjon, bl. a. "Zoom"-FFT og chirp Z-transform, men også disse er av orden $\mathcal{O}(N \ln N)$, (Broch [4]). Dersom man klarer å bestemme sampel-perioden vil altså spline-rekonstruksjonen med arbeidsestimat $\mathcal{O}(n)$ konkurrere med en FFT av orden $\mathcal{O}(n \ln n)$, hvilket ville bety en forbedring dersom de konstante faktorene foran n og $n \ln n$ er sammenliknbare.

Et interessant spørsmål når det gjelder rekonstruksjon er størrelsen på sampelet, dvs. hvor hyppig det må leses av verdier fra det periodiske signalet for at rekonstruksjonen skal bli brukbar. La oss gjøre noen estimat for samplingsintervallet T.

1.3.2 Nyquist-frekvensen

Vi starter med følgende definisjoner

$$
\begin{aligned}
f_0 &= \text{laveste frekvens} \\
f_b &= \text{høyeste frekvens} \\
f_s &= 1/T \text{ dvs. samplingsfrekvens}
\end{aligned}
$$

For å garantere at det analoge signal kan rekonstrueres ved trigonometriske rekker krever **Samplingsteoremet** (Wenstøp [44]) at

$$f_s > 2f_b \tag{1.20}$$

dvs. en samplingsfrekvens høyere enn to ganger høyeste frekvens.

Frekvensen $2f_b$ kalles Nyquist-frekvensen.

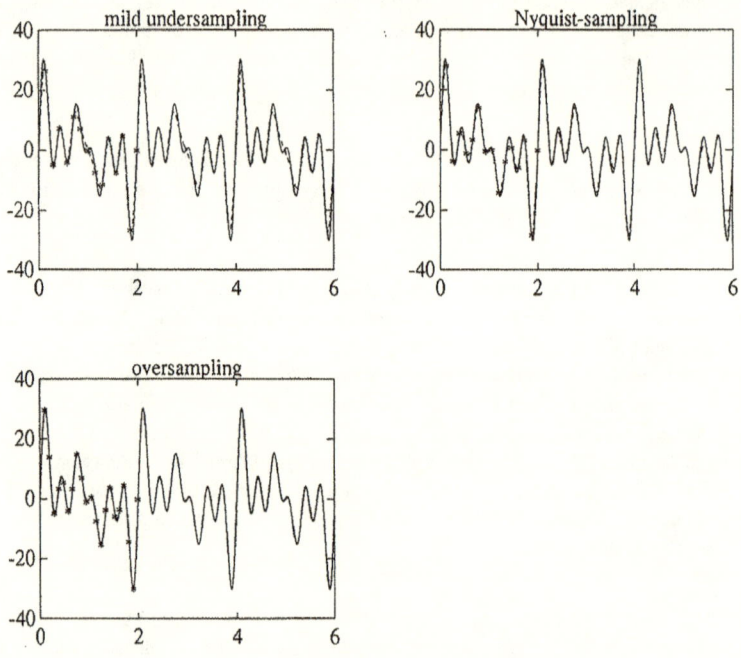

Figur 1.7: Undersampling med periodiske B-splines

Det er opplagt at undersampling,dvs. sampling med frekvens under Nyquist-kriteriet (1.20), vil ha dårlig innflytelse på rekonstruksjonen med B-splines. Vi ser fra figur 1.7 at selv sampling som tilfredstiller (1.20) gir en dårlig rekonstruksjon. Rekonstruksjonen er stiplet. Når det gjelder samplingsfaktor er B-spline-metoder svakere enn de tradisjonelle metodene. På den annen side er diskrete Fouriertransformasjoner arbeidskrevende, så la oss se på noen empiriske undersøkelser om hvor lav samplingsfrekvens vi kan tillate oss. Figuren viser eksempler på signaler rekonstruert med $f_s \approx 3f_b$ med hell.

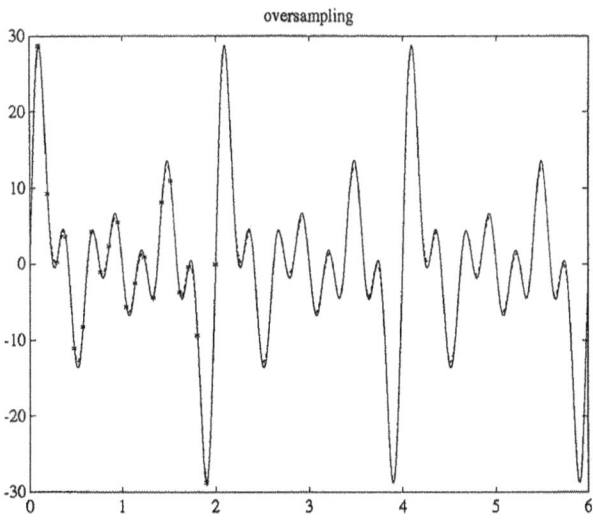

Figur 1.8: Rekonstruksjon med trippelfrekvens

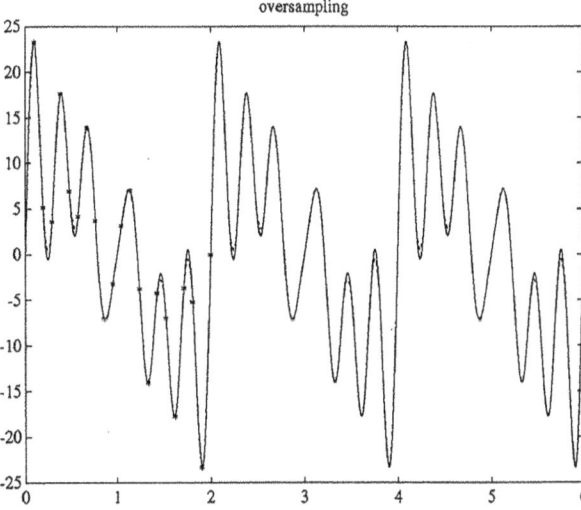

Figur 1.9: Rekonstruksjon med trippelfrekvens: Dominerende lavfrekvens

1.3.3   Bestemmelse av perioden

Bestemmelse av perioden er et viktig problem.

1. Jeg har forsøkt å bestemme sampelets laveste frekvens ved trigonometrisk regresjons-
   analyse, dvs.

$$\text{finn } \alpha, \beta \in \mathbb{R} \text{ slik at } \sum_{i=0}^{N}[\sin(\alpha + \beta x_i) - y_i]^2 \text{ minimeres.} \qquad (1.21)$$

   For at denne metoden skal fungere ser det ut til at vi avhengig av at det totale sampel
   (1.18) inneholder et heltallig multippel av laveste frekvens.

2. Jeg har også forsøkt å bestemme perioden ved å finne periodisiteten i koeffesientene til
   den variasjonsforminskende kubiske spline (seksjon 3.3) med skjøter i interpolasjons-
   punktene. Denne metoden krever stor samplingsfrekvens dersom vi skal få noe som
   minner om periodisitet i koeffesientene.

Jeg lar med andre ord problemet stå åpent for videre forskning.

Kapittel 2

Interpolasjon

I dette kapittelet skal vi se på

- Abstrakt formulering av interpolasjonsproblemet
- Direkte metoder for løsing av interpolasjonsproblemet
- Valg av interpolasjonspunkter og egenskaper ved kollokasjonsmatrisen

I approksimasjonsteorien er interpolasjon en av flere metoder for å approksimere funksjoner. Vi starter kapittelet med en abstrakt diskusjon omkring minste kvadraters metode for kurvetilpasning og ser på interpolasjon som et spesialtilfelle av dette. I seksjon 2.2 drøftes så konkrete strategier for å løse interpolasjonsproblemet med periodiske B-splines. Den siste seksjonen illustrer at ikke alle valg av splineorden k og interpolasjonspunkter $\{x_i\}_{i=1}^n$ er like heldige. Med utgangspunkt i et eksempel på uheldig valg diskuteres en spesiell teknikk for utvelgelse av kollokasjonspunkter og punktenes innvirkning på kollokasjonsmatrisen.

2.1   Abstrakt formulering av interpolasjons-problemet

La $\mathcal{X}, \mathcal{Y}$ være algebraiske rom hvor vi plukker ut en endelig produkt-delmengde $\{(x_i, y_i)\}_{i=1}^n$. Betrakt nå mengden av avbildninger fra $\mathcal{Y}$ til $\mathcal{X}$. Med en interpolant f forstår man en funksjon

$$f : \mathcal{X} \to \mathcal{Y}$$

som tilfredstiller $f(x_i) = y_i$. Punktene x_i og y_i kalles henholdsvis interpolasjonspunkter og interpolasjonsverdier.

I det følgende antar vi at både $\mathcal{X}$ og $\mathcal{Y}$ er reelle kropper, eller endelige kartesiske produkter av slike.

Senere skal vi studere interpolasjonsproblemer

$$\text{finn } f : \mathbb{R} \to \mathbb{R} \text{ slik at } f(x_i) = y_i \tag{2.1}$$

$$\text{finn } f : \mathbb{R} \to \mathbb{R}^n \text{ slik at } f(x_i) = y_i \tag{2.2}$$

$$\text{finn } f : \mathbb{S}^1 \to \mathbb{R}^n \text{ slik at } f(x_i) = y_i \tag{2.3}$$

Dersom (x_i, y_i) er samplet fra en funksjon $\phi(x_i) = y_i$ og man er på søken etter en f som approksimerer ϕ, kalles problemene ovenfor for kollokasjonsproblemer. Punktene x_i og y_i kalles henholdsvis kollokasjonspunkter og kollokasjonsverdier.

I det følgende brukes begrepene interpolasjon og kollokasjon imidlertid synonymt dersom intet annet er presisert.

La oss imbedde interpolasjonsproblemet i en funksjonalanalytisk verden:

2.1.1   Lagrange-interpolasjon

Før vi definerer Lagrange-interpolasjon skal vi se på noen abstrakte resultater angående approksimasjon i Lebesgue-rommet L_2.

1. Gitt et funksjonsrom av dimensjon n kan man alltid finne n interpolasjonspunkter slik at interpolasjonsproblemet er velstilt.

2. Interpolanten kan finnes ved å løse to ekvivalente minimeringsproblemer hvor det ene er et integralproblem og det andre er et summasjonsproblem.

Vi skal deretter demonstrere at interpolanten er en ortogonalprojeksjon med hensyn på et visst indreprodukt. Definisjonen av Lagrange-problemet faller naturlig ut av denne diskusjonen.

Minimeringsproblemet

La $\mathcal{L}$ være mengden av alle Lebesgue-integrable funksjoner på $\mathbb{R}$. Betrakt Hilbert-rommet $L_2 = L_2(\mathbb{R})$ av elementer i $\mathcal{L}$ med indreprodukt

$$(f, g) = \int_{\mathbb{R}} fg d\mu, \tag{2.4}$$

hvor μ er Lebesgue-målet. Dette gir opphav til en norm

$$\|f\| = \sqrt{\int_{\mathbb{R}} f^2 d\mu}.$$

Definer så

$$d : L_2 \times L_2 \to \mathbb{R}$$

ved

$$d(f, g) = \sqrt{\int_{\mathbb{R}} (f - g)^2 d\mu}$$

og for en $E \subseteq L_2$

$$d(f, E) = \inf_{g \in E} d(f, g).$$

La $\{\phi_i\}_{i=1}^n$ være n lineært uavhengige elementer i L_2, og definer

$$M = span(\{\phi_i\}_{i=1}^n). \tag{2.5}$$

Fra funksjonalanalysen vet vi at gitt en vilkårlig $f \in L_2$ fins det nøyaktig ett element g i M slik at

$$d(f, g) = d(f, M),$$

og da M er lukket i L_2 er feilen $f - g \in M^{\perp}$, hvor $M^{\perp} = \{f \in L_2 : (f, g) = 0 \ \forall g \in M\}$.

Dette følger fra teoremet (Folland [12]):

Teorem 2.1 [1] *Hvis H er et Hilbert-rom og M lukket underrom av H så gjelder*

1. *enhver $x \in H$ kan uttrykkes entydig $x = y + z$, hvor $y \in M$ og $z \in M^{\perp}$.*

2. *y og z er entydige elementer i M og i $M^{\perp}$ slik at avstanden til x er minimal.*

La A være $m \geq n$ distinkte interpolasjonspunkter i $\mathbb{R}$. Definer rommet $l_2 = l_2(\mathbb{R})$ analogt med L_2 men hvor μ betegner tellemålet over A, altså l_2 er $\mathcal{L}$ utstyrt med

$$(f, g)_A = \int_A f g d\mu = \sum_{x \in A} f(x) g(x). \tag{2.7}$$

Den bilineære formen $(\cdot, \cdot)_A$ gir opphav til en seminorm på $\mathcal{L}$, og l_2 er et lokal-konvekst rom, dvs. enhver null-omegn inneholder en konveks null-omegn, men l_2 er ikke metriserbart (da det ikke er et pre-Fréchet-rom, Jänich [21]).

Vi definerer imidlertid en avbildning

$$d_A : V \times V \to \mathbb{R}$$

ved

$$d_A(x, y) = \|x - y\|_A,$$

som er positiv, symmetrisk og tilfredstiller trekant-ulikheten.

Teorem 2.2 *La M være definert ved (2.5) slik at $\dim M = n$. Det fins da en endlig mengde*

$$A = \{x_1, x_2, \ldots, x_m\},$$

$m \geq n$, slik at

$$\psi_i = \phi_{i|A} \quad i = 1, 2, \ldots, m$$

er lineært uavhengige.

---

[1]Det er lett å se at mengden M er lukket i H.

La $x \in L_2 \setminus M$ og la x^* være et punkt i M slik at

$$\|x^* - x\| \leq \|y - x\| \quad \forall y \in M. \tag{2.6}$$

Da L_2 er Hausdorff, dvs. to vilkårlige punkter i L_2 kan skilles i to disjunkte åpne mengder, har x^* og x åpne disjunkte omegner $U(x^*)$ og $U(x)$.

Ved (2.6) er

$$U(x) \cap M = \emptyset,$$

og M er lukket.$\square$

bevis:

Beviset føres ved induksjon.

Da $\{\phi_i\}$ er lineært uavhengige elementer i $\mathcal{L}$ gjelder

$$\forall x : \sum_{i=1}^{n} c_i \phi_i(x) = 0 \quad \Rightarrow \quad \forall i : c_i = 0 \tag{2.8}$$

Anta $\exists i : c_i \neq 0$ men $\sum_{i=1}^{n} c_i \phi_i(x^*) \neq 0$ for alle $x^* \in \mathbb{R}$. Det motstrider (2.8), og det fins minst et interpolasjonspunkt x^* slik at ψ_i'ene er lineært uavhengige.

La $k \leq n$.

Anta matrisen **A** med elementer

$$a_{i,j} = \phi_i(x_j) \tag{2.9}$$

har full rang for $k-1$ distinkte punkter $A_{k-1} = \{x_1, x_2, \ldots, x_{k-1}\}$. Vi ønsker å velge $x_k \notin A_{k-1}$ slik at (2.9) har full rang for alle $x_j \in A_k = A_{k-1} \cup \{x_k\}$.

Plukk ut $k-1$ elementer av M korresponderede til de ϕ_i i (2.9) som er lineært uavhengige. La M_* betegne resten av elementene i M. Da er

$$\dim M_* = n - k + 1. \tag{2.10}$$

Anta

$$\exists \phi_i \in M_* : c_i \neq 0 \quad \Rightarrow \quad \forall x : \sum_{\phi_i \in M_*} c_i \phi_i(x) = 0.$$

Dette motstrider imidlertid (2.10), og $\{\phi_1, \phi_2, \ldots, \phi_k\}$ er lineært uavhengige over A. $\square$

Korrolar 2.1 *Man kan finne interpolasjonspunkter A slik at l_2 er et Hilbert-rom over M.*

bevis:

Vi gjør to observasjoner:

1. Formen $a(u,v) = (u,v)_A$ er et indreprodukt på M.

Vi har allerede registrert at

$$a : M \times M \to \mathbb{R}$$

er positiv, symmetrisk og bilineær.

Da $u \in M$ kan u uttrykkes ved basisfunksjonene i M,

$$u = \sum_{i=1}^{n} c_i \phi_i.$$

Anta $a(u, u) = 0$. Da har vi

$$\sum_{x \in A} u(x)^2 = \sum_{x \in A} \left(\sum_{i=1}^{n} c_i \phi_i(x) \right)^2 = 0 \qquad (2.11)$$

Dette impliserer

$$\sum_{i=1}^{n} c_i \phi_i(x) = 0 \quad \text{for alle } x \in A,$$

hvilket resulterer i at

$$c_i = 0 \quad i = 1, 2, \ldots, n.$$

Altså er $(u, v)_A$ et indreprodukt.

2. M er komplett:

Da M er et endelig-dimensjonalt vektorrom er alle normerte topologier ekvivalente (Holm & Reed [19]). Dette betyr at l_2-topologien er ekvivalent med L_2-topologien på M.

La (g_n) være en Cauchy-følge i M. Da M er lukket i L_2 fins det en $g \in M$ slik at

$$\lim_{n \to \infty} g_n = g$$

i L_2-forstand og følgelig også i l_2-forstand. $\square$

Observasjon nr. 2 i beviset kan også formuleres som

Korrolar 2.2 *Underrommet M er lukket i l_2.*

La oss definere en linje i $\mathcal{L}$ gjennom f og origo som

$$M^* = span(f). \tag{2.12}$$

Da er M^* på samme måte som M en lukket mengde og et Hilbert-rom i l_2. Rommet

$$N = span(\{\phi_1, \phi_2, \ldots, \phi_n, f\}) \tag{2.13}$$

er isomorft og homeomorft med $M \times M^*$ og N må da være et Hilbert-rom gitt det diskrete indreproduktet (2.7).

Med andre ord er restriksjonen av d_A til

$$d_A : N \times N \to \mathbb{R} \tag{2.14}$$

en metrikk, og følgende har mening:

Vi ønsker å finne $\widehat{f} \in M$ slik at

$$d_A(\widehat{f}, f) = \inf_{g \in M} d_A(g, f).$$

Funksjonen $\widehat{f}$ kalles en **minste kvadraters approksimasjon** til f.

Vi kan oppsummere diskusjonen ovenfor som

Teorem 2.3 *La $f \in L_2$ og la $M = span(\{\phi_i\}_{i=1}^n)$ hvor $M \subseteq L_2$ har dimensjon n.*

Da fins interpolasjonspunkter

$$A = \{x_1, x_2, \ldots, x_m\}$$

slik at følgende er veldefinert og ekvivalent:

$$\text{finn } \widehat{f} \in M \text{ slik at } \sqrt{\int_{-\infty}^{\infty} \left[\widehat{f}(x) - f(x)\right]^2 dx} \leq \inf_{g \in M} \sqrt{\int_{-\infty}^{\infty} [g(x) - f(x)]^2 dx} \tag{2.15}$$

og

$$\text{finn } \widehat{f} \in M \text{ slik at } \sqrt{\sum_{i=1}^{m} \left[\widehat{f}(x_i) - f(x_i)\right]^2} \leq \inf_{g \in M} \sqrt{\sum_{i=1}^{m} [g(x_i) - f(x_i)]^2}. \tag{2.16}$$

bevis:

Da N er et endeligdimensjonalt underrom av $\mathcal{L}$ er topologien fra L_2 og l_2 ekvivalente på N. Med andre ord fins det konstanter k og K slik at

$$k\|f\|_{l_2} \leq \|f\|_{L_2} \leq K\|f\|_{l_2}$$

for alle $f \in N$. Dette betyr at normer og metrikker på N er like modulo en skalerings-forskjell, og en minste-avstand i den ene metrikken må være en minste-avstand i den andre. $\square$

Interpolasjonprojeksjonen

Dersom $m = n$ kalles $\hat{f}$ en interpolant, og man får $d_A(f, \hat{f}) = 0$. Interpolasjonsproblemet lyder

$$\text{finn } \hat{f} \in M \text{ slik at } d_A(f, \hat{f}) = 0. \tag{2.17}$$

La oss betrakte avbildningen

$$P : l_2 \to M$$

som beregner

$$P(f) = \hat{f}$$

fra problemet (2.17). Operatoren P kalles en ortogonalprojeksjon da den kan beskrives ved følgende teorem (Folland [12]):

Teorem 2.4 *La M være et lukket underrom av Hilbert-rommet H, og for $x \in H$ lar vi Qx være det entydige element i M slik at $x - Qx \in M^\perp$ på samme måte som i teorem 2.1. Da gjelder*

1. *Q er lineær*

2. *Q er selvadjungert, dvs. $(Qx, y) = (x, Qy) \ \forall x, y \in H$, hvor $(\cdot, \cdot)$ er indreproduktet i H.*

3. *$Q^2 = Q$*

4. *Q er surjektiv over M*

5. *$\ker Q = M^\perp$*

Projeksjonen er illustrert i figur 2.1.

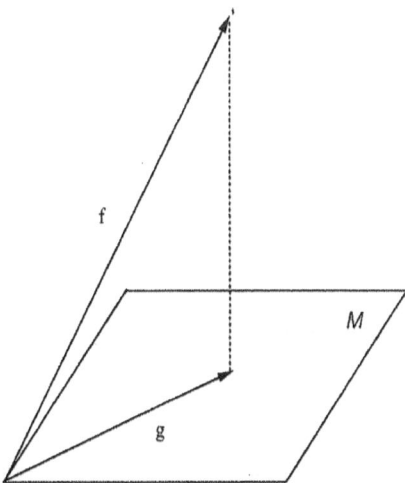

Figur 2.1: Interpolanten g som ortogonalprojeksjon av f på M i rommet l_2.

Definisjon av Lagrange-problemet

Problemet (2.17) kalles et **Lagrange-problem**.

Eksplisitt tar problemet (2.17) følgende form dersom normen kvadreres:

$$\text{finn } \mathbf{c} \in \mathbf{R}^n \text{ slik at } \sum_{j=1}^{n} [c_j \phi_j(x_i) - f(x_i)]^2 = 0, \text{for } i = 1, 2, \ldots, n. \qquad (2.18)$$

eller på matriseform

$$\text{finn } \mathbf{c} \in \mathbf{R}^n \text{ slik at } \mathbf{Bc} = \mathbf{y} \qquad (2.19)$$

hvor

$$\mathbf{B} = \begin{pmatrix} \phi_1(x_1) & \cdots & \phi_n(x_1) \\ \vdots & \ddots & \vdots \\ \phi_1(x_n) & \cdots & \phi_n(x_n) \end{pmatrix}, \mathbf{c} = \begin{pmatrix} c_1 \\ \vdots \\ c_n \end{pmatrix}, \mathbf{y} = \begin{pmatrix} f(x_1) \\ \vdots \\ f(x_n) \end{pmatrix}.$$

Hvis $\mathbf{B}$ er ikke-singulær kan vi finne en eksplisitt formel for den interpolerende funksjonen.

For hver $i = 1, 2, \ldots, n$ lar vi L_i være den entydige funksjonen i M slik at

$$L_i(x_j) = \delta_{i,j}.$$

Funksjonene $L_1, L_2, \ldots, L_n$ kalles **Lagrange-funksjonene**. Ved hjelp av dem har Lagrange-problemet entydig løsning

$$\widehat{f}(x) = \sum_{i=1}^{n} y_i L_i(x).$$

2.1.2 Hermite-interpolasjon

Dersom vi velger å benytte Sobolev-rommene

$$H^k = H^k(\mathbb{R}) = \{f \in L_2 : f', f'', \cdots, f^k \in L_2(\mathbb{R})\}$$

i stedet for $L_2(\mathbb{R})$ får vi et tilsvarende minimeringsproblem i et mindre rom.

Vi definerer derivasjonen i H^k i distributiv forstand (svak derivasjon, se Griffiths [17]). På denne måten unnviker vi kravet om at deriverbare funksjoner ikke kan ha knekkpunkter.

Et indreprodukt på H^k defineres ved

$$(f, g)_{H^k} = \int_{\mathbb{R}} \left(\sum_{j=0}^{k} f^{(j)} g^{(j)} \right) d\mu. \tag{2.20}$$

hvor μ er Lebesgue-målet.

Indreproduktet gir opphav til en norm på H^k,

$$\|f\|_{H^k(\mathbb{R})} = \sqrt{\int_{\mathbb{R}} \sum_{j=1}^{k} (Df^{(j)})^2 d\mu}. \tag{2.21}$$

Semi-normen

$$|f|_{H^k(\mathbb{R})} = \sqrt{\int_{\mathbb{R}} (Df^{(k)})^2 d\mu} \tag{2.22}$$

vil vi også få bruk for senere. Normen gir i likhet med L_2-problemet opphav til et minimeringsproblem

$$\text{finn } \widehat{f} \in M \text{ slik at } \|f - \widehat{f}\|_{H^k} = \inf_{g \in M} \|f - g\|_{H^k}.$$

I likhet med L_2-tilfellet kan også Sobolev-rommene utvides til lokalkonvekse topologiske vektorrom ved å innføre diskrete indreprodukt. Vi definerer $(f, g)_{h^k}$ lik (2.20), men med tellemål istedet for Lebesgue-mål.

Analogt med L_2-tilfellet får vi følgende teorem:

Teorem 2.5 *La* $f \in H^k$ *og la* $M = span(\{\phi_i\}_{i=1}^n)$ *hvor* $M \subseteq H^k$ *har dimensjon* n.

Da fins interpolasjonspunkter

$$A = \{x_1, x_2, \ldots, x_m\}$$

slik at følgende er veldefinert og ekvivalent:

$$\text{finn } \widehat{f} \in M \text{ slik at } \sqrt{\int_{-\infty}^{\infty} \sum_{j=0}^{k} \left[\widehat{f}^{(j)}(x) - f^{(j)}(x) \right]^2 dx} \leq \inf_{g \in M} \sqrt{\int_{-\infty}^{\infty} \sum_{j=0}^{k} \left[g^{(j)}(x) - f^{(j)}(x) \right]^2 dx}$$

$$(2.23)$$

og

$$\text{finn } \widehat{f} \in M \text{ slik at } \sqrt{\sum_{i=1}^{m} \sum_{j=0}^{k} \left[\widehat{f}^{(j)}(x_i) - f^{(j)}(x_i) \right]^2} \leq \inf_{g \in M} \sqrt{\sum_{i=1}^{m} \sum_{j=0}^{k} \left[g^{(j)}(x_i) - f^{(j)}(x_i) \right]^2}.$$

$$(2.24)$$

Anta vi har $mk \geq n$ interpolasjonspunkter. En funksjon $\widehat{f} \in M$ vil vi kalle en **minste kvadraters Hermite-approksimasjon** til f dersom

$$\|\widehat{f} - f\|_{h^k} = \inf_{g \in M} \|g - f\|_{h^k}.$$

Hvis $mk = n$ kalles $\widehat{f}$ en **Hermite-interpolant**, og vi får

$$\text{finn } \widehat{f} \in M \text{ slik at } \|f - \widehat{f}\|_{h^k} = 0. \qquad (2.25)$$

Problemet (2.25) kalles et **Hermite-problem.**

Eksplisitt tar problemet (2.25) formen

finn $c \in \mathbf{R}^n$ slik at

$$\sum_{j=1}^{n}([c_j\phi_j(x_i) - f(x_i)]^2 + [c_j\phi'_j(x_i) - f'(x_i)]^2 + \cdots + [c_j\phi_j^{(k)}(x_i) - f^{(k)}(x_i)]^2) = 0, \quad (2.26)$$

for $i = 1, 2, \ldots, m$, eller på matriseform

$$\text{finn } c \in \mathbf{R}^n \text{ slik at } Bc = y \qquad (2.27)$$

hvor

$$B = \begin{pmatrix} \phi_1(x_1) & \cdots & \phi_n(x_1) \\ \phi'_1(x_1) & \cdots & \phi'_n(x_1) \\ \vdots & \ddots & \vdots \\ \phi_1^{(k)}(x_1) & \cdots & \phi_n^{(k)}(x_1) \\ \phi_1(x_2) & \cdots & \phi_n(x_2) \\ \phi'_1(x_2) & \cdots & \phi'_n(x_2) \\ \vdots & \ddots & \vdots \\ \phi_1^{(k)}(x_2) & \cdots & \phi_n^{(k)}(x_2) \\ \vdots & \vdots & \vdots \\ \vdots & \vdots & \vdots \\ \vdots & \vdots & \vdots \\ \phi_1(x_n) & \cdots & \phi_n(x_n) \\ \phi'_1(x_n) & \cdots & \phi'_n(x_n) \\ \vdots & \ddots & \vdots \\ \phi_1^{(k)}(x_n) & \cdots & \phi_n^{(k)}(x_n) \end{pmatrix}, c = \begin{pmatrix} c_1 \\ \vdots \\ c_n \end{pmatrix}, y = \begin{pmatrix} f(x_1) \\ f'(x_1) \\ \vdots \\ f^{(k)}(x_1) \\ f(x_2) \\ f'(x_2) \\ \vdots \\ f^{(k)}(x_2) \\ \vdots \\ \vdots \\ \vdots \\ f(x_n) \\ f'(x_n) \\ \vdots \\ f^{(k)}(x_n) \end{pmatrix}.$$

2.1.3 Periodisk Interpolasjon

Periodiske funksjoner er ikke med i $L_2(\mathbf{R})$. På en periode $\mathbf{R}/p \simeq [a, b)$ hvor p er gitt ved (1.2) kan vi imidlertid definere de k ganger kontinuerlig deriverbare periodiske funksjonene på $[a, b]$ som

$$C_k^o[a, b] = \{f \in C^k[a, b] : D^j f(a) = D^j f(b), \quad j = 0, 1, \ldots, k\}. \qquad (2.28)$$

Vi definerer de periodiske Sobolev-rommene på kvotienten $\mathbf{R}/p$ ved

$$L_2^o(\mathbf{R}/p) = L_2(\mathbf{R}/p) \cap C^o(\mathbf{R}/p) \qquad (2.29)$$

og

$$H_k^o(\mathbf{R}/p) = H^k(\mathbf{R}/p) \cap C_k^o(\mathbf{R}/p). \qquad (2.30)$$

I følge Schumaker [40] er alle slike rom komplette med hensyn på sine respektive ikke-periodiske normer, så alle utsagn om $L_2(\mathbf{R})$ og $H^k(\mathbf{R})$ gjelder også for $L_2^o(\mathbf{R}/p)$ og $H_k^o(\mathbf{R}/p)$.

2.2 Direkte faktorisering av kollokasjonsmatrisen

La oss studere hvordan vi konkret kan løse interpolasjonsproblemer med periodiske B-splines.

La **A** være kollokasjonsmatrisen med komponenter

$$a_{i,j} = B_j^\circ(t_i),$$

la b være kollokasjonspunktene og la x være B°-spline koeffesientene for interpolasjonsproblemet **Ax** = **b**. Vi antar i det følgende at problemet er veldefinert.

For å utnytte strukturen i en cyklisk matrise kan man bearbeide direkte metoder for faktorisering. I det følgende vurderes noen slike metoder med hensyn på stabilitet, effektivitet, lagringsplass og implementasjon. Spesielt drøftes:

- LU-faktorisering via Gauss eliminering.
- QR-faktorisering via Householder transformasjoner.
- QR-faktorisering via Givens rotasjoner.

2.2.1 LU-faktorisering for kvadratiske og kubiske splines.

Kollokasjonsmatrisen **A** for k'te ordens splines er glissen i den forstand at

$$a_{i,j} = 0 \quad \text{for } j = i+r, i+r+1, \ldots, i+n-l \pmod n \tag{2.31}$$

for $r, l \in \mathbb{N}$. Med andre ord er **A** en cyklisk båndmatrise i flg. definisjon 1.5.

Båndstrukturen (2.31) bør utnyttes i en konstruksjon av LU-faktorisering. Fra figur (2.2) ser vi imidlertid at vi ikke kan unngå fill-in slik vi gjør for ikke-cykliske båndmatriser.

For kvadratiske splines beskriver interpolasjonsproblemet **Ax** = **b** et tridiagonalt system med hjørne-elementer. Dette er også tilfelle for kubiske splines dersom vi interpolerer i skjøtene. En passende nummerering av B-splinene B_j° i forhold til kollokasjonspunktene gir $r = l = 1$, dvs. like store høyre og venstre båndbredder. La α betegne diagonalen, β og γ henholdsvis venstre og høyre bånd, mens η og ϵ er fill-in vektorer. Lagringsstrukturen for **A** får da følgende form:

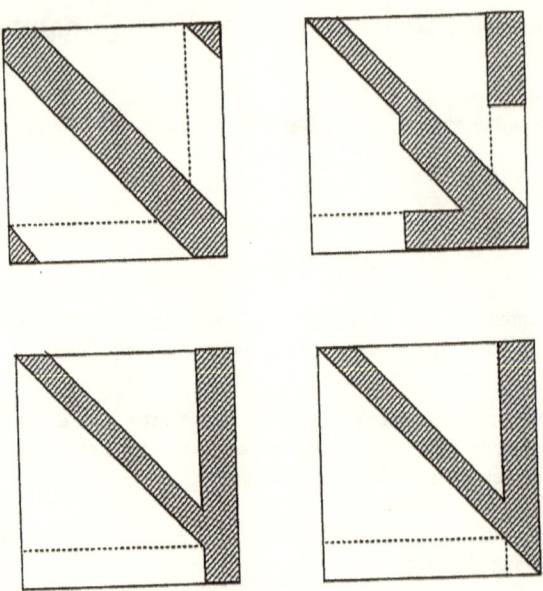

Figur 2.2: Fire stadier under Gauss-eliminering

$$
A = \begin{pmatrix}
\alpha & \gamma & & & & & & & \epsilon \\
\beta & \alpha & \gamma & & & & & & \epsilon \\
& \beta & \alpha & \gamma & & & & & \epsilon \\
& & \ddots & \ddots & \ddots & & & & \vdots \\
& & & & \beta & \alpha & \gamma & & \epsilon \\
& & & & & \beta & \alpha & \gamma & \epsilon \\
& & & & & & \beta & \alpha & \epsilon \\
\eta & \eta & \cdots & \eta & \eta & \eta & \eta & \eta
\end{pmatrix}
$$

Algoritmen beskrevet nedenfor er en spesialkonstruert LU-faktorisering for kvadratiske og kubiske splines. I likhet med tilsvarende algoritmer tilpasset rene båndmatriser, vil vi i dette tilfellet rasjonalisere på en slik måte at vi ikke arbeider på områder som ikke får fill-in.

Algoritme

1.1	for $k = 2, \ldots, n-1$
1.1.1	$\beta_k = \beta_k / \alpha_{k-1};$
1.1.2	$\alpha_k = \alpha_k - \beta_k \gamma_{k-1};$
1.1.3	$\epsilon_k = \epsilon_k - \beta_k \epsilon_{k-1};$
1.1.4	$y_k = y_k - \beta_k y_{k-1};$
1.1.5	$\eta_{k-1} = \eta_{k-1} / \alpha_{k-1};$
1.1.6	$\eta_k = \eta_k - \eta_{k-1} \gamma_{k-1};$
1.1.7	$\epsilon_n = \epsilon_n - \eta_{k-1} \epsilon_{k-1};$
1.1.8	$y_n = y_n - \eta_{k-1} y_{k-1};$
1.2	$\eta_{n-1} = \eta_{n-1} / \alpha_{n-1};$
1.3	$\eta_n = \eta_n - \eta_{n-1} \epsilon_{n-1};$
1.4	$y_n = y_n - \eta_{n-1} y_{n-1};$
2.1	$x_n = y_n / \eta_n;$
2.2	$x_{n-1} = (y_{n-1} - \epsilon_{n-1} x_n) / \alpha_{n-1};$
2.3	for $k = n-2, \ldots, 1$
2.4	$x_k = (y_k - \gamma_k x_{k+1} - \epsilon_k x_n) / \alpha_k;$

Algoritmen er velstilt da divisjon med null ikke kan forekomme. Den ikke-cykliske matrisen $\mathbf{A}^*$ med samme bånd som $\mathbf{A}$ er positivt definitt (Lyche & Schumaker [25]), og Gauss-elimineringen uten pivotering er veldefinert (Dahl, Lyche & Winter [7]) for løkken 1.1 og setningen 1.2. Regnearbeidet (kompleksiteten) er av lineær orden. Under løkken 1.1 foretas $8n$ multiplikasjoner, under løkken 2.3 foretas n. Total orden er altså $9n$.

Hva angår stabilitet belyses dette gjennom eksempel 2.1.

Eksempel 2.1 (kurve-interpolasjon) *La $I = [0, 1]$ og $(t_k, \mathbf{x}_k) \in I \times \mathbb{R}^2$ for $k = 1, 2, \ldots, n$ være data samplet fra en lukket parametrisert kurve* .

$$\left. \begin{aligned} \gamma : I &\to \mathbb{R}^2 \\ \gamma(t_k) &= \mathbf{x}_k \end{aligned} \right\} \tag{2.32}$$

hvor, $\gamma(0) = \gamma(1)$.

Definer en voksende skjøtfølge $\{s_i\}_{i=1}^n \subseteq I$ slik at

$$|s_{i+1} - s_i| = \frac{\|\mathbf{x}_{i+1} - \mathbf{x}_i\|}{\sum_{j=1}^{n-1} \|\mathbf{x}_{j+1} - \mathbf{x}_j\|},$$

hvor $s_1 = 0$.

La oss definere $S(I, \mathbf{R}^2)$ som rommet av 3'dje ordens splines definert på skjøtfølgen s. *Den interpolerende spline $f : I \to \mathbf{R}^2$ gitt ved*

$$f(s_i) = \begin{pmatrix} f_1(s_i) \\ f_2(s_i) \end{pmatrix} = \sum_{j=1}^{n} \begin{pmatrix} c_1^j \\ c_2^j \end{pmatrix} B_{j,3}(s_i) = \begin{pmatrix} x_1^i \\ x_2^i \end{pmatrix} = \mathrm{x}_i \quad i = 1, 2, \ldots, n \qquad (2.33)$$

er inneholdt i dette rommet. De n betingelsene fastlegger splinens n koeffesienter.

La nå $I_\epsilon = \{(t_{k,\epsilon}, \mathrm{x}_{k,\epsilon})\}_{k=1}^{n}$ betegne en familie av interpolasjonsdata som tilfredstiller $\gamma(t_{k,\epsilon}) = \mathrm{x}_{k,\epsilon}$ for alle k.

Med I_ϵ assosieres så et interpolasjonsproblem

$$P_\epsilon : \quad \text{finn } f_\epsilon \in S(I, \mathbf{R}^2) \text{ slik at } f_\epsilon(t_{i,\epsilon}) = \mathrm{x}_{i,\epsilon} \quad i = 1, 2, \ldots, n.$$

Mer spesielt skal vi se på løsninger hvor vi velger kollokasjonspunkter fra splinen f der alle punkter bortsett fra ett er identiske med de opprinnelige interpolasjonsdata assosiert med (2.32), mens det det siste punktet ligger på $f(I)$ forskjøvet med en parameter ϵ mellom punktene $f(t_1)$ og $f(t_2)$.

Med andre ord velger vi interpolasjonsdata på formen

$$(t_{k,\epsilon}, \mathrm{x}_{k,\epsilon}) = \begin{cases} ((1-\epsilon)t_1 + \epsilon t_2, f((1-\epsilon)t_1 + \epsilon t_2)) & k = 1 \\ (t_k, \mathrm{x}_k) & k = 2, 3, \ldots, n. \end{cases}$$

Teoretisk sett skulle problemene P_ϵ alle ha samme løsningen f ettersom interpolasjonsoperasjonen er en projeksjon slik det fremgikk av diskusjonen i seksjon 2.1.1. Et hvert avvik fra splinens opprinnelige form må altså skyldes avrundingsfeil i algoritmene.

Figuren (2.3) viser løsninger av P_ϵ basert på sampling fra spline generert fra data assosiert med kurven

$$\gamma(t) = (\frac{2 + \sin 10\pi t}{3} \sin 2\pi t, \frac{2 + \sin 10\pi t}{3} \cos 2\pi t).$$

Kondisjonstallet for matrisene er som følger:

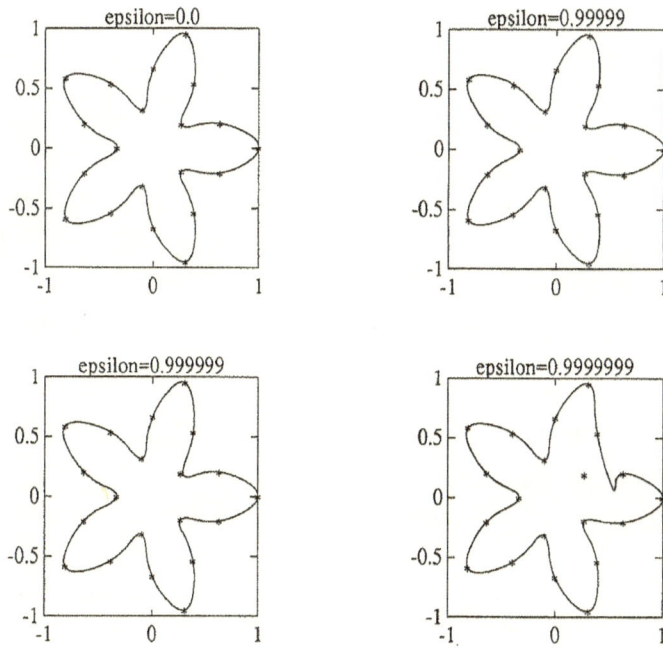

Figur 2.3: Interpolasjonsprojeksjon $P^2\gamma(t)$ med enkel presisjon.

ϵ	$\mathcal{K}(\mathbf{B})$
0.0	2.0068
0.99999	3.3804e+05
0.999999	4.6611e+07
0.9999999	8.8571e+15

Vi observerer svake avvik fra eksakt løsning for $\epsilon = 0.99999$ og $\epsilon = 0.999999$. Den ekstreme $\epsilon = 0.9999999$ gir markert avvik. For å videre illustrere hvordan ϵ påvirker problemet kan vi se eksplisitt på kollokasjonsmatriser assosiert med epsilon-verdiene i figur (2.3). Av plasshensyn presenteres 7×7-matriser og ikke 20×20 slik som figuren antyder. For matrisene har jeg beregnet kondisjonstallet $\mathcal{K}(\mathbf{B})$ ved hjelp av de numeriske EISPACK-rutinene (MATLAB).

Den opprinnelige kollokasjonsmatrisen med $\epsilon = 0.0$ er,

$$B = \begin{pmatrix} 0.823237 & 0.098081 & 0 & 0 & 0 & 0 & 0.078683 \\ 0.151919 & 0.741742 & 0.106338 & 0 & 0 & 0 & 0 \\ 0 & 0.143662 & 0.728613 & 0.127725 & 0 & 0 & 0 \\ 0 & 0 & 0.122275 & 0.687137 & 0.190588 & 0 & 0 \\ 0 & 0 & 0 & 0.059412 & 0.885357 & 0.055230 & 0 \\ 0 & 0 & 0 & 0 & 0.194770 & 0.679517 & 0.125713 \\ 0.171317 & 0 & 0 & 0 & 0 & 0.124287 & 0.704395 \end{pmatrix}$$

Kondisjonstallet til denne matrisen er $\mathcal{K}(B) = 1.9992$. Matrisen er diagonaldominant og lar seg invertere uten problemer.

For $\epsilon = 0.762335$ får vi

$$B = \begin{pmatrix} 0.823237 & 0.098081 & 0 & 0 & 0 & 0 & 0.078683 \\ 0.151919 & 0.741742 & 0.106338 & 0 & 0 & 0 & 0 \\ 0 & 0.143662 & 0.728613 & 0.127725 & 0 & 0 & 0 \\ 0 & 0 & 0 & 0.237665 & 0.762335 & 0 & 0 \\ 0 & 0 & 0 & 0.059412 & 0.885357 & 0.055230 & 0 \\ 0 & 0 & 0 & 0 & 0.194770 & 0.679518 & 0.125713 \\ 0.171317 & 0 & 0 & 0 & 0 & 0.124287 & 0.704395 \end{pmatrix}$$

Kondisjonstallet til denne matrisen er $\mathcal{K}(B) = 9.0344$. Vi oberverer at for $\epsilon > 0.762335$ har ikke tridiagonal-algoritmen lenger mening da slike epsilon-verdier krever at $b_{4,6}$ er ekte positiv. Av hensyn til studiet av stabilitet har jeg programmert algoritmen 2.2.1 slik at den behandler elementer på superdiagonalen over γ.

For $\epsilon = 0.99999$ får vi matrisen

$$B = \begin{pmatrix} 0.823237 & 0.098081 & 0 & 0 & 0 & 0 & 0.078683 \\ 0.151919 & 0.741742 & 0.106338 & 0 & 0 & 0 & 0 \\ 0 & 0.143662 & 0.728613 & 0.127725 & 0 & 0 & 0 \\ 0 & 0 & 0 & 0.059417 & 0.885357 & 0.055226 & 0 \\ 0 & 0 & 0 & 0.059412 & 0.885357 & 0.055230 & 0 \\ 0 & 0 & 0 & 0 & 0.194770 & 0.679518 & 0.125713 \\ 0.171317 & 0 & 0 & 0 & 0 & 0.124287 & 0.704395 \end{pmatrix}$$

med kondisjonstall $\mathcal{K}(B) = 3.7752e + 05$. Fjerde og femte rad er nesten lineært avhenige.

Til slutt har vi matrisen $\epsilon = 0.9999998$

$$B = \begin{pmatrix} 0.823237 & 0.098081 & 0 & 0 & 0 & 0 & 0.078683 \\ 0.151919 & 0.741742 & 0.106338 & 0 & 0 & 0 & 0 \\ 0 & 0.143662 & 0.728613 & 0.127725 & 0 & 0 & 0 \\ 0 & 0 & 0 & 0.059413 & 0.885357 & 0.055230 & 0 \\ 0 & 0 & 0 & 0.059412 & 0.885357 & 0.055230 & 0 \\ 0 & 0 & 0 & 0 & 0.194770 & 0.679518 & 0.125713 \\ 0.171317 & 0 & 0 & 0 & 0 & 0.124287 & 0.704395 \end{pmatrix}$$

med kondisjonstall $\mathcal{K}(B) = 1.8572e + 06$. Dette er det største kondisjonstall vi kan oppnå med enkel-presisjons-aritmetikk,dvs. større ϵ gir singulære matriser. Skjøtvektor og data for denne matrisen er henholdsvis

$$s = \begin{pmatrix} -0.375967 \\ -0.186911 \\ 0.000000 \\ 0.085845 \\ 0.218812 \\ 0.398450 \\ 0.570424 \\ 0.624033 \\ 0.813089 \\ 1.000000 \\ 1.085845 \\ 1.218812 \end{pmatrix} \quad og \quad t = \begin{pmatrix} 0.042922 \\ 0.152328 \\ 0.308631 \\ 0.597228 \\ 0.597229 \\ 0.718561 \\ 0.906544 \end{pmatrix}.$$

Figuren (2.4) viser det samme problemet hvor faktoriseringen er foretatt i dobbel presisjon. Dette burde resultere i en større pertubasjonstoleranse. Vi ser en marginal forbedring av interpolasjonen. Løsningen er imidlertid ikke eksakt da kollokasjonsmatrisen fortsatt er beregnet med enkel aritmetikk og derfor ikke fullstendig stokastisk i dobbel aritmetikk. Radsummen blir

$$B_\epsilon d = \begin{pmatrix} 1.00000100000000 \\ 0.99999900000000 \\ 1.00000000000000 \\ 1.00000000000000 \\ 0.99999900000000 \\ 1.00000100000000 \\ 0.99999900000000 \end{pmatrix}$$

for $\epsilon = 0.0$ og $\epsilon = 0.9999998$, hvor $d = (1,1,\ldots,1)^T \in \mathbf{R}^7$.

Senere skal vi sammenlikne disse grafene med grafer generert fra stabile faktoriserings-algoritmer. □

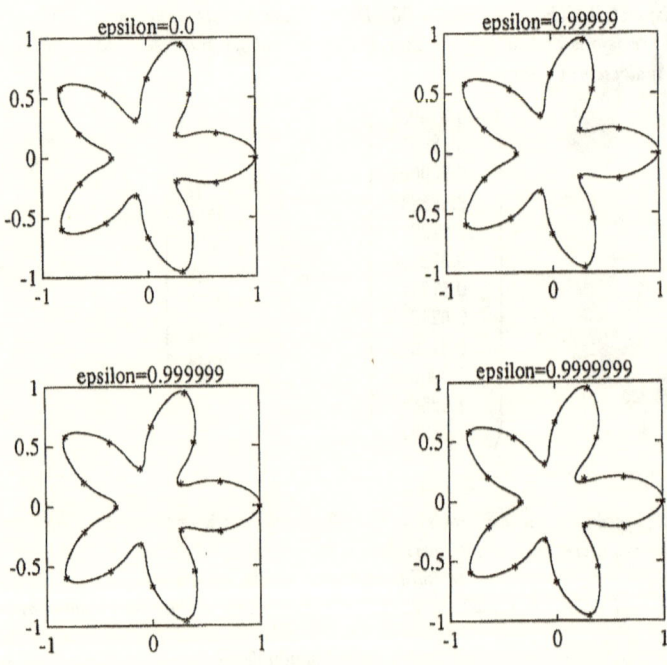

Figur 2.4: Interpolasjonsprojeksjon $P^2\gamma(t)$ med dobbel presisjon.

2.2.2 LU-faktorisering uavhengig av båndbredde.

Dersom vi ønsker å bringe det kubiske problemet over på en permutert form (eksempel 1.2) eller ikke ønsker å interpolere i skjøtene, er algoritmen 2.2 ubrukelig. En generalisering av algoritmen fra cyklisk tridiagonalt system til vilkårlige båndbredder l og r kan gjøres på følgende måte:

Først velger vi en datastruktur. Figur (2.5) viser hvordan dataene kan lagres i undermatriser. Område A kan løses med vanlig pivoteringsfri båndløser, område B elimineres uten pivotering,og område C brukes til fill-in.

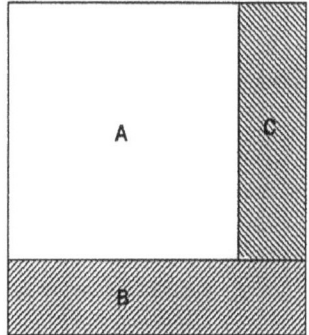

Figur 2.5: Oppdeling av kollokasjonsmatrisen med hensyn på lagring.

Algoritme

La $A \in R^{n-r\times n-l}, B \in R^{r\times n}$ og $C \in R^{n-r\times l}$ betegne delmatriser slik figur (2.5) illustrerer. La r og l representere henholdsvis høyre og venstre båndbredde.

A: Faktorisering.

1	for $k = 1, \ldots, \min(n - r, n - l)$
1.1	for $i = k + 1, \ldots, \min(n - r, k + l)$
1.1.1	$a_{i,k} = a_{i,k}/a_{k,k}$;
1.1.2	for $j = k + 1, \ldots, \min(n - l, k + r)$
1.1.2.1	$a_{i,j} = a_{i,j} - a_{i,k}a_{k,j}$;
1.1.3	for $j = n - l + 1, \ldots, n$

1.1.3.1	$c_{i,j} = c_{i,j} - a_{i,k}c_{k,j};$
1.2	**for** $i = n - r + 1, \ldots, n$
1.2.1	$b_{i,k} = b_{i,k}/a_{k,k};$
1.2.2	**for** $j = k + 1, \ldots, n - l$
1.2.2.1	$b_{i,j} = b_{i,j} - b_{i,k}a_{k,j};$
1.2.3	**for** $j = n - l + 1, \ldots, n$
1.2.3.1	$b_{i,j} = b_{i,j} - b_{i,k}c_{k,j};$
2	**for** $k = \min(n - r + 1, n - l + 1), \ldots, n - r$
2.1	**for** $i = k + 1, \ldots, n$
2.1.1	**if** $(i \leq n - r)$
2.1.1.1	$c_{i,k} = c_{i,k}/c_{k,k};$
2.1.2	**else**
2.1.2.1	$b_{i,k} = b_{i,k}/c_{k,k};$
2.1.3	**for** $j = n - l + 1, \ldots, n$
2.1.3.1	**if** $(i \leq n - r)$
2.1.3.1.1	$c_{i,j} = c_{i,j} - c_{i,k}c_{k,j};$
2.1.3.2	**else**
2.1.3.2.1	$b_{i,j} = b_{i,j} - b_{i,k}c_{k,j};$
3	**for** $k = n - r + 1, \ldots, n$
3.1	**for** $i = k + 1, \ldots, n$
3.1.1	$b_{i,k} = b_{i,k}/b_{k,k};$
3.1.2	**for** $j = k + 1, \ldots, n$
3.1.2.1	$b_{i,j} = b_{i,j} - b_{i,k}b_{k,j};$

B: Løsning. **LU**x = y.

4	**for** $k = 1, \ldots, \min(n - r, n - l)$
4.1	**for** $i = k + 1, \ldots, \min(n - r, k + l)$
4.1.1	$y_i = y_i - a_{i,k}y_k;$
4.2	**for** $i = n - r + 1, \ldots, n$
4.2.1	$y_i = y_i - b_{i,k}y_k;$
5	**for** $k = \min(n - r, n - l) + 1, \ldots, n - r$
5.1	**for** $i = k + 1, \ldots, n - r$
5.1.1	$y_i = y_i - c_{i,k}y_k$
6	**for** $k = n - r + 1, \ldots, n$
6.1	**for** $i = n - r + 1, \ldots, n$
6.1.1	$y_i = y_i - b_{i,k}y_k;$

7	**for** $i = n, \ldots, n - r + 1$
7.1	$x_i = y_i;$
7.2	**for** $j = i + 1, \ldots, n$
7.2.1	$x_i = x_i - c_{i,j}y_j;$

7.2	$y_i = y_i / c_{i,i};$
8	**for** $i = n - r, \ldots, 1$
8.1	$x_i = y_i;$
8.2	**for** $j = i + 1, \ldots, \min(i + r - 1, n - l)$
8.2.1	$x_i = x_i - a_{i,j} y_j;$
8.3	**for** $j = n - l + 1, \ldots, n$
8.3.1	$x_i = x_i - c_{i,j} y_j;$
8.4	$x_i = x_i / a_{i,i};$

Totalt regnearbeid for Gauss-elimineringen er

$$G_n = n(2l^2 + 3l + 2lr + 3r).$$

Vi registrerer hvordan en enkel algoritme som Gauss-eliminering eksploderer i implementasjonsmessig kompleksitet når den tilpasses cykliske båndmatriser med generell båndbredde større enn 3. Lagringsstrukturen krever tester og oppsplitting av for-løkker for å realiseres. På den annen side er effektiviteten upåklagelig.

Når det gjelder det teoretiske aspektet ved algoritmen så følger det fra diskusjonen at metoden er veldefinert for delmatrisen **A**. Høyre $r \times r$ undermatrise av **B** er initielt positivt definitt, men overskrives under algoritmens gang slik det vises i figur 2.2. Løkkene 1.2.3 og 2.1.3 er ansvarlige for dette.

Eksperimentelt fungerer som oftest metoden, og teoretisk er kollokasjonsmatrisen positivt definitt for alle problemer med odde antall interpolasjonspunkter. Dette behandles imidlertid mer utførlig i seksjon 2.3.

2.2.3 QR-faktorisering for kvadratiske og kubiske splines via Householder transformasjoner.

En metode som kan benyttes for direkte faktorisering i interpolasjons- og minste kvadraters-problemer, er QR-faktoriseringen. Særlig gunstig er den i tilfeller hvor man har dårlig kondisjonerte matriser. La oss først se på den ofte mest rasjonelle form for QR-faktorisering, nemlig Householder transformasjonene.

Alle invertible matriser A kan faktoriseres entydig i en ortogonalmatrise Q og en øvre-triangulær matrise R ved hjelp av Householder transformasjoner dersom R har positive diagonalelementer (Se Lyche [30]).

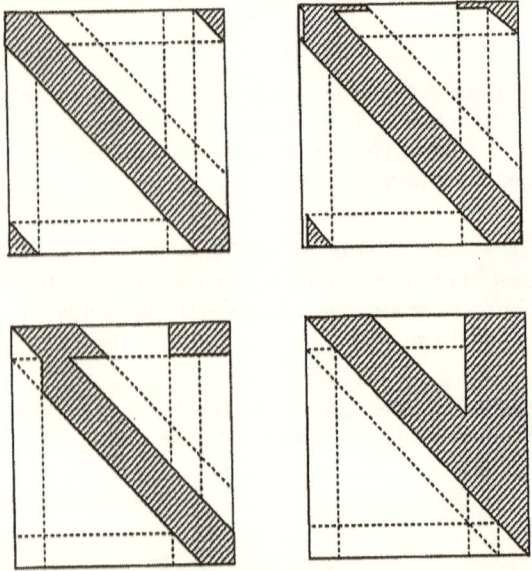

Figur 2.6: Fire stadier i Householder transformasjonene

Householdertransformasjonene på A nuller suksessivt ut kolonnene under diagonalen på A. Hver transformasjon skrives på formen

$$U_k = I - 2u_k u_k^T$$

med en spesielt valgt u_k som tilfredstiller

$$\|u_k\|_2 = 1.$$

Matrisene U_k kalles ofte reflektorer da man kan tolke transformasjonen geometrisk som en speiling av kolonnen under diagonalelementet på den kanoniske basisvektoren under diagonalelementet, altså vektoren $(1, 0, 0, \ldots, 0)$, hvor 1 ligger på diagonalen og nullene ligger under diagonalen. En matrisefølge $A_k = U_k U_{k-1} \ldots U_1 A$ genereres fra valg av u_k slik at

$$U_k = \begin{pmatrix} I_k & 0 \\ 0 & V_{n-k} \end{pmatrix}$$

fungerer som en reflektorer for k'te diagonalelement.

Submatrisen V_{n-k} er en Householder reflektor som nuller ut kolonnen under første element i nedere-høyre-hjørne-$(n-k) \times (n-k)$-submatrisen til A_k. Submatrisen I_k, altså $k \times k$ identiteten, forhindrer at man forstyrrer elementer som allerede er brakt på kanonisk form.

La oss studere fill-in i QR-faktoriseringen for en kollokasjonsmatrise A. Ettersom

$$A^T A = R^T Q^T Q R$$
$$= R^T R$$

er Cholesky-faktoriseringen av $A^T A$, kan vi vise at R må ha dobbel båndbredde av A.

Observasjon 2.1 *Matriselikningen* $A^T A = B$ *kan uttrykkes symbolsk på følgende form:*

$$
\begin{pmatrix}
x & x & & & & & x \\
x & x & x & & & & \\
 & x & x & x & & & \\
 & & x & x & x & & \\
 & & & x & x & x & \\
 & & & & x & x & x \\
x & & & & & x & x
\end{pmatrix}
\begin{pmatrix}
x & x & & & & & x \\
x & x & x & & & & \\
 & x & x & x & & & \\
 & & x & x & x & & \\
 & & & x & x & x & \\
 & & & & x & x & x \\
x & & & & & x & x
\end{pmatrix}
=
\begin{pmatrix}
x & x & x & & & x & x \\
x & x & x & x & & & x \\
x & x & x & x & x & & \\
 & x & x & x & x & x & \\
 & & x & x & x & x & x \\
x & & & x & x & x & x \\
x & x & & & x & x & x
\end{pmatrix}
$$

bevis:

Den symbolske matrisen A definerer en relasjon $\mathcal{R}$ mellom n objekter. Matrisen er isomorf med en cyklisk graf, dvs. n elementer liggende på en sirkelperiferi hvor hvert element står i relasjon til nærmeste nabo foran og bak. Matrisemulitiplikasjonen er isomorf med relasjonskomposisjonen $\mathcal{R}^2 = \mathcal{R} \circ \mathcal{R}$ hvor hvert element bringes i relasjon med sin nabos nærmeste nabo foran og bak. Men dette er en parafrasering av matrisen B ovenfor. $\square$

Observasjon 2.2 *Matrisen* $B = A^T A$ *Cholesky-faktoriseres* $B = RR^T$ *på følgende måte.*

$$
\begin{pmatrix}
x & x & x & & & x & x \\
x & x & x & x & & & x \\
x & x & x & x & x & & \\
& x & x & x & x & x & \\
& & x & x & x & x & x \\
x & & & x & x & x & x \\
x & x & & & x & x & x
\end{pmatrix}
=
\begin{pmatrix}
x & & & & & & \\
x & x & & & & & \\
x & x & x & & & & \\
& x & x & x & & & \\
& & x & x & x & & \\
x & x & x & x & x & x & \\
x & x & x & x & x & x & x
\end{pmatrix}
\begin{pmatrix}
x & x & x & & & x & x \\
& x & x & x & & x & x \\
& & x & x & x & x & x \\
& & & x & x & x & x \\
& & & & x & x & x \\
& & & & & x & x \\
& & & & & & x
\end{pmatrix}
$$

bevis:

Vi kan vise matriselikningen ved induksjon på faktoriseringsalgoritmen. Cholesky-faktoriseringen kan beskrives gjennom algoritmen (Johnson [20])

$$
\begin{aligned}
&\text{for } k = 1, 2 \ldots, n \\
&\quad \text{for } j = 1, 2, \ldots, k-1 \\
&\qquad r_{k,j} = (b_{k,j} - \textstyle\sum_{i=1}^{j-1} r_{k,i} r_{j,i})/r_{j,j}; \\
&\quad r_{k,k} = \sqrt{b_{k,k} - \textstyle\sum_{i=1}^{k-1} r_{k,i}^2};
\end{aligned}
$$

La $b_{k,j} = 0 \quad j = k+3, \ldots, k+n-3 \pmod{n}$, og anta $3 < k < n-2$.

$$
\begin{aligned}
r_{k,1} &= b_{k,1} & &= 0 \\
r_{k,2} &= (b_{k,2} - r_{k,1} r_{1,1})/r_{1,1} & &= 0 \\
&\;\;\vdots & &\;\;\vdots \\
r_{k,k-3} &= (a_{k,k-3} - \textstyle\sum_{i=1}^{k-3} r_{k,i} r_{k-3,i})/r_{k-3,k-3} & &= 0
\end{aligned}
$$

Altså får Cholesky-faktoriseringen struktur som angitt av diagrammet. □

Matrisen A gis en lagringstruktur beskrevet gjennom et sett med vektorer $\alpha, \beta, \gamma, \delta, \epsilon, \eta, \zeta \in \mathbb{R}^n$.

$$
A = \begin{pmatrix}
\alpha & \gamma & \delta & & & & & & \eta & \zeta \\
\beta & \alpha & \gamma & \delta & & & & & \eta & \zeta \\
& \beta & \alpha & \gamma & \delta & & & & \eta & \zeta \\
& & \ddots & \ddots & \ddots & \ddots & & & \vdots & \vdots \\
& & & \beta & \alpha & \gamma & \delta & \eta & \zeta \\
& & & & \beta & \alpha & \gamma & \eta & \zeta \\
& & & & & \beta & \alpha & \eta & \zeta \\
& & & & & & \beta & \eta & \zeta \\
\epsilon & \epsilon & \cdots & \epsilon & \epsilon & \epsilon & \epsilon & \epsilon & \epsilon
\end{pmatrix}
$$

I all vesentlighet er lagrings-strukturen her sammenliknbar med lagrings-strukturen for LU-faktorisering. Submatrisene ϵ og ζ var nødvendige på grunn av fill-in i Gauss-eliminering. Under QR-faktoriseringen kommer fill-in også i kolonne nr. $n - 1$ og på superdiagonalen til γ.

Algoritme

1	for $k = 1, \ldots, n - 2$
1.1	$\theta = \max(|\alpha_k|, |\beta_{k+1}|, |\epsilon_k|)$;
1.2	$\alpha_k = \alpha_k/\theta$;
1.3	$\beta_{k+1} = \beta_{k+1}/\theta$;
1.4	$\epsilon_k = \epsilon_k/\theta$;
1.6	$s = sign(\alpha_k)\sqrt{\alpha_k^2 + \beta_{k+1}^2 + \epsilon_k^2}$;
1.7	$\alpha_k = \alpha_k + s$;
1.8	$p_k = s\alpha_k$;
1.9	$r_k = -\theta s$;
1.9.1	if$(k < n - 2)$
1.9.1.1	$\tau = \frac{1}{p_k}(\alpha_k\gamma_k + \beta_{k+1}\alpha_{k+1} + \epsilon_k\epsilon_{k+1})$;
1.9.1.1.1	$\gamma_k = \gamma_k - \tau\alpha_k$;
1.9.1.1.2	$\alpha_{k+1} = \alpha_{k+1} - \tau\beta_{k+1}$;
1.9.1.1.3	$\epsilon_{k+1} = \epsilon_{k+1} - \tau\epsilon_k$;
1.9.2	if$(k < n - 3)$
1.9.2.2	$\tau = \frac{1}{p_k}(\alpha_k\delta_k + \beta_{k+1}\gamma_{k+1})$;
1.9.2.2.1	$\delta_k = \delta_k - \tau\alpha_k$;
1.9.2.2.2	$\gamma_{k+1} = \gamma_{k+1} - \tau\beta_{k+1}$;
1.9.2.2.3	$\epsilon_{k+2} = \epsilon_{k+2} - \tau\epsilon_k$;
1.9.3	if$(k < n - 3)$
1.9.3.1	$\tau = \frac{1}{p_k}(\beta_{k+1}\delta_{k+1})$;

1.9.3.2	$\delta_{k+1} = \delta_{k+1} - \tau\beta_{k+1};$
1.9.3.3	$\epsilon_{k+3} = \epsilon_{k+3} - \tau\epsilon_k;$
1.9.4	$\tau = \frac{1}{p_k}(\eta_k\alpha_k + \eta_{k+1}\beta_{k+1} + \eta_n\epsilon_k);$
1.9.4.1	$\eta_k = \eta_k - \tau\alpha_k;$
1.9.4.2	$\eta_{k+1} = \eta_{k+1} - \tau\beta_{k+1};$
1.9.4.3	$\epsilon_{n-1} = \epsilon_{n-1} - \tau\epsilon_k;$
1.9.5	$\tau = \frac{1}{p_k}(\zeta_k\alpha_k + \zeta_{k+1}\beta_{k+1} + \epsilon_n\epsilon_k);$
1.9.5.1	$\zeta_k = \zeta_k - \tau\alpha_k;$
1.9.5.2	$\zeta_k = \zeta_{k+1} - \tau\beta_{k+1};$
1.9.5.2	$\epsilon_n = \epsilon_n - \tau\epsilon_k;$

2	$\eta_n = \epsilon_{n-1};$
3	$\zeta_n = \epsilon_n;$
4	$\theta = \max(|\eta_{n-1}|, |\eta_n|);$
5	$\eta_{n-1} = \eta_{n-1}/\theta;$
6	$\eta_n = \eta_n/\theta;$
7	$s = sign(\eta_{n-1})\sqrt{\eta_{n-1}^2 + \eta_n^2};$
8	$\eta_{n-1} = \eta_{n-1} + s;$
9	$p_n = s\eta_{n-1};$
10	$r_{n-1} = -\theta s;$
11	$\tau = \frac{1}{p_{n-1}}(\eta_{n-1}\zeta_{n-1} + \eta_n\zeta_n);$
11.1	$\zeta_{n-1} = \zeta_{n-1} - \tau\eta_{n-1};$
11.2	$\zeta_n = \zeta_n - \tau\eta_n;$
12	$\zeta_n = 2;$
13	$p_n = r_n;$
14	$r_n = -r_n;$

15	**for** $k = 1, \ldots, n-2$
15.1	$\tau = \frac{1}{p_k}(\alpha_k y_k + \beta_{k+1} y_{k+1} + \epsilon_k y_n);$
15.1.1	$y_k = y_k - \tau\alpha_k;$
15.1.2	$y_{k+1} = y_{k+1} - \tau\beta_{k+1};$
15.1.3	$y_n = y_n - \tau\epsilon_k;$
16	$\tau = \frac{1}{p_{n-1}}(\eta_{n-1}y_{n-1} + \eta_n y_n);$
16.1	$y_{n-1} = y_{n-1} - \tau\eta_{n-1};$
16.2	$y_n = y_n - \tau\eta_n;$
17	$\tau = \frac{1}{p_n}\zeta_n y_n;$
17.1	$y_n = y_n - \tau\zeta_n;$

18	$x_n = y_n/r_n;$
19	$x_{n-1} = (y_{n-1} - \zeta_{n-1}x_n)/r_{n-1};$
20	$x_{n-2} = (y_{n-2} - \eta_{n-2}x_{n-1} - \zeta_{n-2}x_n)/r_{n-2};$
21	$x_{n-3} = (y_{n-3} - \gamma_{n-3}x_{n-3} - \eta_{n-3}x_{n-1} - \zeta_{n-3}x_n)/r_{n-3};$
22	**for** $k = n-4, \ldots, 1$

22.1 $\qquad x_k = (y_k - \gamma_k x_{k+1} - \delta_k x_{k+2} - \eta_k x_{n-1} - \epsilon_k x_n)/r_k;$

Totalt antall multiplikasjoner er av orden $QRh3_n = 42n$.

Bearbeidingen av Householderfaktoriseringen fra generelle matriser til cyklisk tridiagonale systemer er meget omfattende når vi sammenlikner med LU-faktorisering. Dette gjenspeiler forholdet mellom de tradisjonelle varianter av algoritmene. Vi kan imidlertid observere at generaliseringen av Householder-metoden fra tridiagonale systemer til generelt k-diagonale er langt mindre problematisk enn for tilsvarende generering for Gauss-elimineringen.

2.2.4 QR-faktorisering via Householder transformasjoner: Generell algoritme.

Oppdelingen med hensyn på lagringsplass kan gjøres på samme måte som i LU-tilfellet.

La $A \in R^{n-r \times n-l}, B \in R^{r \times n}$ og $C \in R^{n-r \times l}$ betegne delmatriser slik figur (2.5) illustrerer. La r og l representere henholdsvis høyre og venstre båndbredde.

Algoritme

A: Faktorisering.

1	**for** $k = 1, \ldots, \min(n-r, n-l)$
1.1	$\theta_1 = \max_{i=k+1,\ldots,k+r} |a_{i,k}|;$
1.2	$\theta_2 = \max_{i=n-r+1,\ldots,n} |b_{i,k}|;$
1.3	$\theta = \max(|a_{k,k}|, \theta_1, \theta_2);$
1.4	**for** $i = k, \ldots, k+l$
1.4.1	$a_{i,k} = a_{i,k}/\theta;$
1.5	**for** $i = n-r+1, \ldots, n$
1.5.1	$b_{i,k} = b_{i,k}/\theta;$
1.6	$s = \mathrm{sign}(a_{k,k})\sqrt{a_{k,k}^2 + \cdots + a_{k+l,k}^2 + b_{n-r+1,k}^2 + \cdots + b_{n,k}^2};$
1.7	$a_{k,k} = a_{k,k} + s;$
1.8	$p_k = s a_{k,k};$

1.9 $r_k = -\theta s;$

1.10   **for** $j = k+1, \ldots, \min(k+r+l, n-l)$

1.10.1 $\tau = \frac{1}{p_k}(\sum_{i=k}^{k+l} a_{i,k}a_{i,j} + \sum_{i=n-r+1}^{n} b_{i,k}b_{i,j});$

1.10.2   **for** $i = k, \ldots, \min(k+l, n-r)$

1.10.2.1 $a_{i,j} = a_{i,j} - \tau a_{i,k};$

1.10.3   **for** $i = n-r+1, \ldots, n$

1.10.3.1 $b_{i,j} = b_{i,j} - \tau b_{i,k};$

2   **for** $k = \min(n-r, n-l) + 1, \ldots, n-r$

2.1 $\theta_1 = \max_{i=k+1,\ldots,n-r} |c_{i,k}|;$

2.2 $\theta_2 = \max_{i=n-r+1,\ldots,n} |b_{i,k}|;$

2.3 $\theta = \max(|c_{k,k}|, \theta_1, \theta_2);$

2.4   **for** $i = k, \ldots, n-r$

2.4.1 $c_{i,k} = c_{i,k}/\theta;$

2.5   **for** $i = n-r+1, \ldots, n$

2.5.1 $b_{i,k} = b_{i,k}/\theta;$

2.6 $s = \text{sign}(c_{k,k})\sqrt{c_{k,k}^2 + \cdots + c_{n-r,k}^2 + b_{n-r+1,k}^2 + \cdots + b_{n,k}^2};$

2.7 $c_{k,k} = c_{k,k} + s;$

2.8 $p_k = sc_{k,k};$

2.9 $r_k = -\theta s;$

2.10   **for** $j = k+1, \ldots, n$

2.10.1 $\tau = \frac{1}{p_k}(\sum_{i=k}^{n-r} c_{i,k}c_{i,j} + \sum_{i=n-r+1}^{n} b_{i,k}b_{i,j});$

2.10.2   **for** $i = k, \ldots, n-r$

2.10.2.1 $c_{i,j} = c_{i,j} - \tau c_{i,k};$

2.10.3   **for** $i = n-r+1, \ldots, n$

2.10.3.1 $b_{i,j} = b_{i,j} - \tau b_{i,k};$

3   **for** $k = n-r+1, \ldots, n$

3.1 $\theta = \max_{i=k,\ldots,n} |b_{i,k}|;$

3.2   **for** $i = k, \ldots, n-r$

3.2.1 $b_{i,k} = b_{i,k}/\theta;$

3.3 $s = \text{sign}(b_{k,k})\sqrt{b_{k,k}^2 + \cdots + b_{n,k}^2};$

3.4 $b_{k,k} = b_{k,k} + s;$

3.5 $p_k = sb_{k,k};$

3.6 $r_k = -\theta s;$

3.7   **for** $j = k+1, \ldots, n$

3.7.1 $\tau = \frac{1}{p_k}(\sum_{i=k}^{n} b_{i,k}b_{i,j});$

3.7.2   **for** $i = k, \ldots, n$

3.7.2.1 $b_{i,j} = b_{i,j} - \tau b_{i,k};$

B: Løsningsalgoritme: $\mathbf{QRx} = \mathbf{y}$

4	for $k = 1, \ldots, \min(n - r, n - l)$
4.1	$\tau = \frac{1}{p_k}(\sum_{i=k}^{n-r} a_{i,k} y_i + \sum_{i=n-r+1}^{n} b_{i,k} y_i)$;
4.2	for $i = k, \ldots, n - r$;
4.2.1	$y_i = y_i - \tau a_{i,k}$;
4.3	for $i = n - r + 1, \ldots, n$;
4.3.1	$y_i = y_i - \tau b_{i,k}$;
5	for $k = \min(n - r, n - l) + 1, \ldots, n - r$
5.1	$\tau = \frac{1}{p_k}(\sum_{i=k}^{n-r} c_{i,k} y_i + \sum_{i=n-r+1}^{n} b_{i,k} y_i)$;
5.2	for $i = k, \ldots, n - r$;
5.2.1	$y_i = y_i - \tau c_{i,k}$;
5.3	for $i = n - r + 1, \ldots, n$;
5.3.1	$y_i = y_i - \tau b_{i,k}$;
5	for $k = n - r + 1, \ldots, n$
5.1	$\tau = \frac{1}{p_k}(\sum_{i=k}^{n} b_{i,k} y_i)$;
5.2	for $i = k, \ldots, n$;
5.2.1	$y_i = y_i - \tau b_{i,k}$;
6	for $k = n, \ldots, n - r + 1$
6.1	$x_k = (y_k - \sum_{j=k+1}^{n} c_{k,j} x_j)/r_k$;
7	for $k = n - r, \ldots, \min(n - r, n - l) + 1$
7.1	$x_k = (y_k - \sum_{j=n-r+1}^{n} b_{k,j} x_j - \sum_{j=k+1}^{n-r} b_{k,j} x_j)/r_k$;
7	for $k = \min(n - r, n - l), \ldots, 1$
7.1	$x_k = (y_k - \sum_{j=n-r+1}^{n} b_{k,j} x_j - \sum_{j=\min(n-r,n-l)+1}^{n-r} c_{k,j} x_j$
	$\qquad - \sum_{j=k+1}^{\min(n-r,n-l)} a_{k,j} x_j)/r_k$;

Totalt antall multiplikasjoner i algoritmen er av orden

$$QR_n = n(3l + 7r + 2(l + r)^2 + 9).$$

2.2.5 QR-faktorisering for kvadratiske og kubiske splines via Givensrotasjoner

Givensrotasjoner nuller ut elementene i matrisen enkeltvis. For kvadratiske og kubiske splines hvor det essensielt er snakk om å nulle ut $2n$ elementer er det interessant å diskutere hvordan QR-faktorisering via Givens-rotasjoner egner seg.

For å nulle ut element k for i'te søyle a^i i $\mathbf{A}$ multipliserer vi med en rotasjon

$$
\mathbf{J}_{i,k,\theta} = \begin{pmatrix} 1 & & & & & & & & \\ & \ddots & & & & & & & \\ & & 1 & & & & & & \\ & & & \cos\theta & & & \sin\theta & & \\ & & & & 1 & & & & \\ & & & & & \ddots & & & \\ & & & & & & 1 & & \\ & & & -\sin\theta & & & \cos\theta & & \\ & & & & & & & 1 & \\ & & & & & & & & \ddots \\ & & & & & & & & & 1 \end{pmatrix} \tag{2.34}
$$

for passende valgt θ. Matrisen $\mathbf{J}$ er altså lik identitetsmatrisen bortsett fra at $j_{i,i} = \cos\theta$, $j_{i,k} = \sin\theta$, $j_{k,i} = -\sin\theta$ og $j_{i,k} = \cos\theta$. Multiplikasjonen resulterer i at søylebasis roterer i (i, k)-planet. For å fjerne element $a_{q,p}$ velger vi θ slik at

$$
\mathbf{J}_{q,p,\theta} \begin{pmatrix} a_{p,p} \\ a_{q,p} \end{pmatrix} = \begin{pmatrix} x \\ 0 \end{pmatrix}.
$$

Figur (2.7) illustrerer hvordan vi triangulerer $\mathbf{A}$ ved å nulle ut radvis nedover. Vi ser lett at $\mathbf{Q}^T = \mathbf{J}_{n,n}\mathbf{J}_{n,n-1} \cdots \mathbf{J}_{1,2}$ er ortogonal (Golub & van Loan [16]) og at $\mathbf{Q}^T\mathbf{A} = \mathbf{R}$ er øvretriangulær.

For å operere med kubiske splines trenger vi lagringsmatrisen

$$
\mathbf{A} = \begin{pmatrix} \alpha & \gamma & \delta & & & & & & \eta & \zeta \\ \beta & \alpha & \gamma & \delta & & & & & \eta & \zeta \\ & \beta & \alpha & \gamma & \delta & & & & \eta & \zeta \\ & & \ddots & \ddots & \ddots & \ddots & & & \vdots & \vdots \\ & & & & \beta & \alpha & \gamma & \delta & \eta & \zeta \\ & & & & & \beta & \alpha & \gamma & \eta & \zeta \\ & & & & & & \beta & \alpha & \eta & \zeta \\ & & & & & & & \beta & \eta & \zeta \\ \epsilon & \epsilon & \cdots & \epsilon & \epsilon & \epsilon & \epsilon & \epsilon & \epsilon \end{pmatrix},
$$

hvor vektorene $\delta, \eta, \zeta, \epsilon \in \mathbb{R}^n$ benyttes for fill-in. Med andre ord benytter vi samme datastruktur som vi utnyttet for Householder-transformasjonene. Dette følger av diskusjonen fra Householder-avsnittet hvor det ble klarlagt hva slags fill-in vi kan forvente fra en QR-faktorisering.

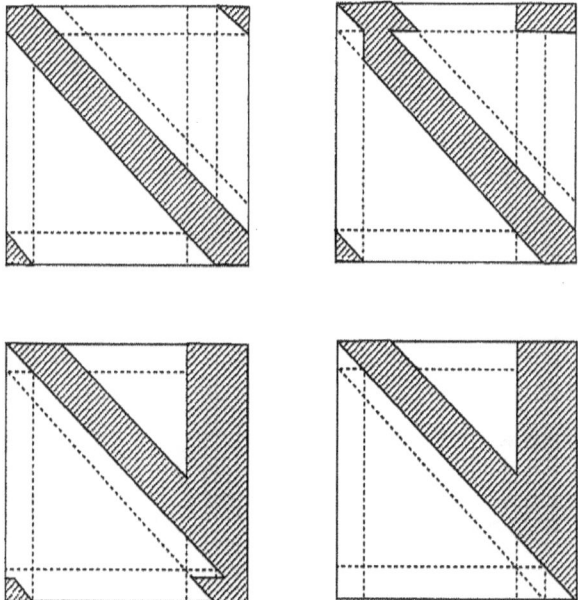

Figur 2.7: Fire stadier under Givens-rotasjoner

Algoritme

if-betingelser benyttes for å finne $\cos\theta$ og $\sin\theta$ for $\mathbf{J}_{i,k,\theta}$, mens resterende setninger utfører matrisemultiplikasjon, $\mathbf{A}_{k+1} = \mathbf{J}_{i,k,\theta}\mathbf{A}_k$.

1	for $k = 1, \ldots, n-2$
1.2	if $|\beta_{k+1}| \geq |\alpha_k|$ then
1.2.1	$t = \alpha_k/\beta_{k+1}$;
1.2.2	$s = 1/(1+t^2)^{\frac{1}{2}}$;
1.2.3	$c = st$;
1.3	else
1.3.1	$t = \beta_{k+1}/\alpha_k$;
1.3.2	$c = 1/(1+t^2)^{\frac{1}{2}}$;
1.3.3	$s = ct$;
1.4	$\alpha_k = c\alpha_k + s\beta_{k+1}$;
1.5	if $(i <= n-4)$

1.5.1
$$\begin{bmatrix} \gamma_k \\ \alpha_{k+1} \end{bmatrix} = \begin{bmatrix} c & s \\ -s & c \end{bmatrix} \begin{bmatrix} \gamma_k \\ \alpha_{k+1} \end{bmatrix};$$

1.5.2
$$\begin{bmatrix} \delta_k \\ \gamma_{k+1} \end{bmatrix} = \begin{bmatrix} c & s \\ -s & c \end{bmatrix} \begin{bmatrix} \delta_k \\ \gamma_{k+1} \end{bmatrix};$$

1.6 **else if** $(i = n - 3)$

1.6.1
$$\begin{bmatrix} \gamma_k \\ \alpha_{k+1} \end{bmatrix} = \begin{bmatrix} c & s \\ -s & c \end{bmatrix} \begin{bmatrix} \gamma_k \\ \alpha_{k+1} \end{bmatrix};$$

1.7
$$\begin{bmatrix} \eta_k \\ \eta_{k+1} \end{bmatrix} = \begin{bmatrix} c & s \\ -s & c \end{bmatrix} \begin{bmatrix} \eta_k \\ \eta_{k+1} \end{bmatrix};$$

1.8
$$\begin{bmatrix} \zeta_k \\ \zeta_{k+1} \end{bmatrix} = \begin{bmatrix} c & s \\ -s & c \end{bmatrix} \begin{bmatrix} \zeta_k \\ \zeta_{k+1} \end{bmatrix};$$

1.9 $\widehat{\beta}_{k+1} = c;$

1.10 $\widehat{\beta}_{k+1} = s;$

2 **for** $k = 1, \ldots, n - 2$

2.2   **if** $|\epsilon_k| \geq |\alpha_k|$ **then**

2.2.1 $t = \alpha_k/\epsilon_k;$

2.2.2 $s = 1/(1 + t^2)^{\frac{1}{2}};$

2.2.3 $c = st;$

2.3   **else**

2.3.1 $t = \epsilon_k/\alpha_k;$

2.3.2 $c = 1/(1 + t^2)^{\frac{1}{2}};$

2.3.3 $s = ct;$

2.4 $\alpha_k = c\alpha_k + s\epsilon_k;$

2.5   **if** $(i <= n - 4)$

2.5.1
$$\begin{bmatrix} \delta_k \\ \epsilon_{k+2} \end{bmatrix} = \begin{bmatrix} c & s \\ -s & c \end{bmatrix} \begin{bmatrix} \delta_k \\ \epsilon_{k+2} \end{bmatrix};$$

2.6   **else if** $(i < n - 3)$

2.6.1
$$\begin{bmatrix} \gamma_k \\ \epsilon_{k+1} \end{bmatrix} = \begin{bmatrix} c & s \\ -s & c \end{bmatrix} \begin{bmatrix} \gamma_k \\ \epsilon_{k+1} \end{bmatrix};$$

2.7
$$\begin{bmatrix} \eta_k \\ \epsilon_{n-1} \end{bmatrix} = \begin{bmatrix} c & s \\ -s & c \end{bmatrix} \begin{bmatrix} \eta_k \\ \epsilon_{n-1} \end{bmatrix};$$

2.8
$$\begin{bmatrix} \zeta_k \\ \epsilon_n \end{bmatrix} = \begin{bmatrix} c & s \\ -s & c \end{bmatrix} \begin{bmatrix} \zeta_k \\ \epsilon_n \end{bmatrix};$$

2.9 $\epsilon_k = c;$

2.10 $\widehat{\epsilon}_k = s;$

3 **if** $|\epsilon_{n-1}| \geq |\eta_{n-1}|$ **then**

3.1 $t = \eta_{n-1}/\epsilon_{n-1};$

3.2 $s = 1/(1 + t^2)^{\frac{1}{2}};$

3.3 $c = st;$

4   **else**

4.1 $t = \epsilon_{n-1}/\eta_{n-1};$

4.2 $c = 1/(1 + t^2)^{\frac{1}{2}};$

4.3 $s = ct;$

5      $\eta_{n-1} = c\eta_{n-1} + s\epsilon_{n-1};$

6                  $\begin{bmatrix} \zeta_{n-1} \\ \epsilon_n \end{bmatrix} = \begin{bmatrix} c & s \\ -s & c \end{bmatrix} \begin{bmatrix} \zeta_{n-1} \\ \epsilon_n \end{bmatrix};$

7      $\epsilon_{n-1} = c;$

8      $\widehat{\epsilon_{n-1}} = s;$

9   **for** $k = 1, \ldots, n-2$

9.1 $c = \beta_{k+1};$

9.2 $s = \widehat{\beta_{k+1}};$

9.3 $\begin{bmatrix} y_k \\ y_{k+1} \end{bmatrix} = \begin{bmatrix} c & s \\ -s & c \end{bmatrix} \begin{bmatrix} y_k \\ y_{k+1} \end{bmatrix};$

10   **for** $k = 1, \ldots, n-2$

10.1 $c = \epsilon_k;$

10.2 $s = \hat{\epsilon}_k;$

10.3 $\begin{bmatrix} y_k \\ y_n \end{bmatrix} = \begin{bmatrix} c & s \\ -s & c \end{bmatrix} \begin{bmatrix} y_k \\ y_n \end{bmatrix};$

11      $x_n = y_n/\epsilon_n;$

12      $x_{n-1} = (y_{n-1} - \zeta_{n-1}x_n)/\eta_{n-1};$

13      $x_{n-2} = (y_{n-2} - \eta_{n-2}x_{n-1} - \zeta_{n-2}x_n)/\alpha_{n-2};$

14      $x_{n-3} = (y_{n-3} - \gamma_{n-3}x_{n-2} - \eta_{n-3}x_{n-1} - \zeta_{n-3}x_n)/\alpha_{n-3};$

15   **for** $k = n-4, \ldots, 1$

15.1 $x_k = (y_k - \gamma_k x_{k+1} - \delta_k x_{k+2} - \eta_k x_{n-1} - \zeta_k x_n)/\alpha_k;$

Antall multiplikasjoner er av orden $QRg3_n = 48n$.

Eksempel 2.2 (Sammenlikning av algoritmer) *I eksempel 2.1 så vi hvordan interpolasjonsgrafen oppførte seg under stadig dårligere kondisjonerte kollokasjonsmatriser.*

Nå skal vi vise et representativt utvalg fra andre eksperimenter med parametriske kurver.

La oss velge kollokasjonspunkter fra kurvene

$$\gamma_1(t) = (\frac{2 + \sin 10\pi t}{3} \sin 2\pi t, \frac{2 + \sin 10\pi t}{3} \cos 2\pi t), \qquad (2.35)$$

$$\gamma_2(t) = (\cos^2 t \sin t, \cos^3 t), \qquad (2.36)$$

$$\gamma_3(t) = (\sin t \sin 2t, \sin t \cos 2t). \qquad (2.37)$$

Figurene på de neste sidene viser kollokasjonskurver hvor det er samplet 20 punkter fra kurvene ovenfor, generert en interpolerende kvadratisk spline, samplet punkter fra denne og generert en interpolerende kvadratisk spline fra disse dataene på samme måte som eksempel 2.1.

Figuren 2.8 viser deformasjoner av splinefunksjonen basert på den ε som ligger nærmest opptil 1.0 i maskinaritmetikk. Vi registrerer at det er liten forskjell mellom degenereringen for de tre metodene. I dette tilfellet kommer LU-faktoriseringen godt ut da den minst vellykkede interpolanten er grafen svarende til periodisk Householder-QR-faktorisering.

Figuren 2.9 viser en situasjon hvor Housholder- og Givens-transformasjoner bryter sammen på en diametral måte. Gauss-elimineringen med sine færre regneoperasjoner får øyensynlig mindre effekt av matrisenes kondisjontall, $\mathcal{K}(\mathbf{B}) = 1.6724e + 16$.

Figuren 2.10 illustrerer nok en faktorisering hvor det er liten forskjell mellom metodene.
□

I dette kapittelet ble det påpekt at de tridiagonale algoritmene fungerte for kubiske splines. På grunn av pertubasjonsparameteren ε i eksempelt er ikke kollokasjonsmatrisen lenger cyklisk fra en viss ε av. Implementasjonen av algoritmene har tatt hensyn til dette.

For kubiske splines er det 3 basisfunksjoner som skjærer innom en vilkårlig skjøt, mens på det indre av et intervall har vi alltid 4 funksjoner. Anta vi bestemmer oss for å interpolere i skjøter. Dette er en restriksjon som kan ha uheldige følger. Ved å sample et jevnt antall punkter fra (2.36) og interpolere med kubiske periodiske splines viste det seg av algoritmene brøt sammen idet kollokasjonsmatrisen ble singulær. Når vi på den annen side interpolerte med et ujevnt antall punkter mistet vi de lokale symmetri-egenskapene ved grafen. Til tross for stort antall punkter kunne det registreres en viss skjelving i grafen inærheten av sløyfe-punktet, figur 2.11.

Matematisk kan vi alltid løse et slikt problem ved å velge flere interpolasjonspunkter (Weierstrass' Interpolasjonsteorem) og få en bedre approksimasjon, men i praksis kan det forbli et problem.

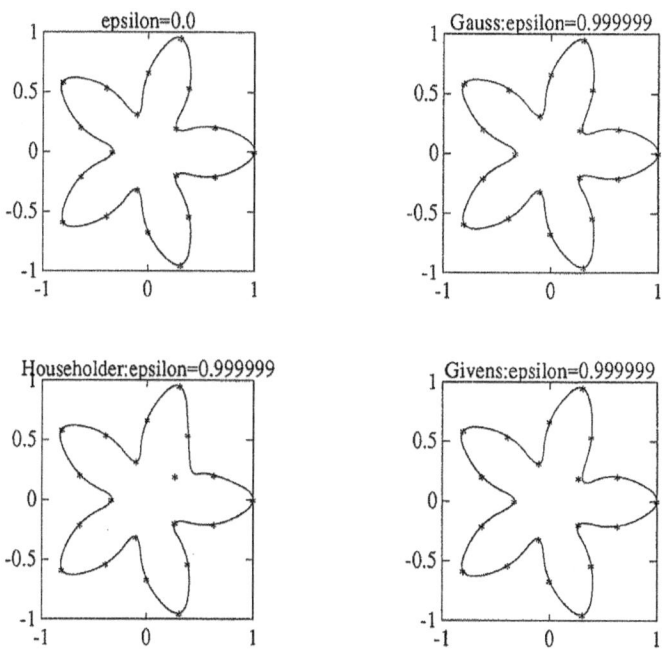

Figur 2.8: $\gamma(t) = (\frac{2+\sin 10\pi t}{3} \sin 2\pi t, \frac{2+\sin 10\pi t}{3} \cos 2\pi t)$

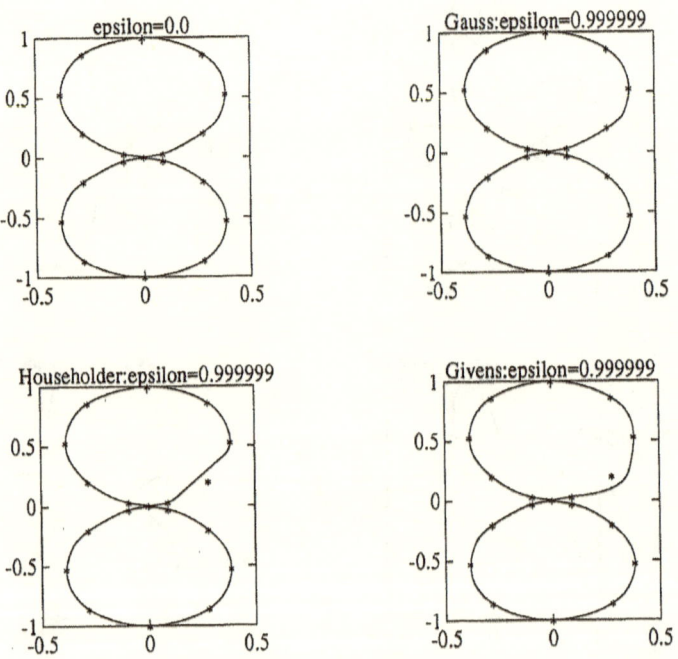

Figur 2.9: $\gamma(t) = (\cos^2 t \sin t, \cos^3 t)$

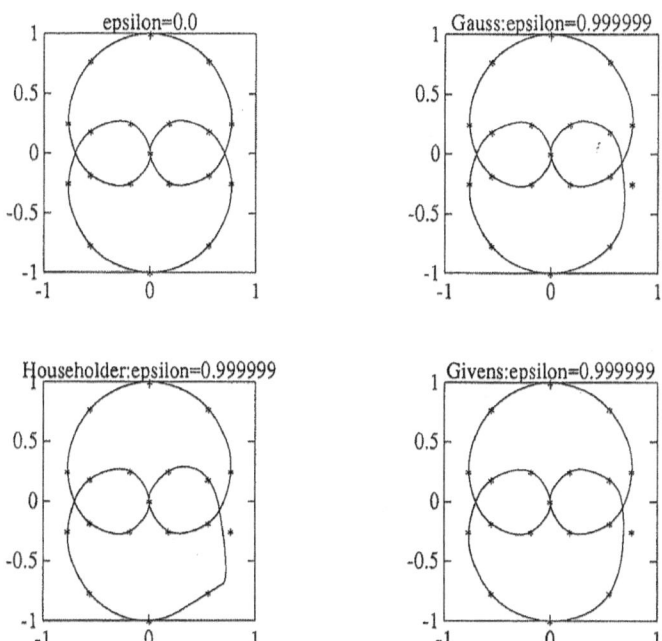

Figur 2.10: $\gamma(t) = (\sin t \sin 2t, \sin t \cos 2t)$

2.2.6   Anbefaling av algoritmer

Seksjon 2.2 presenterte direkte faktoriseringsalgoritmer for interpolasjonsproblemet. Spesielt har vi sett på kvadratiske og kubisk interpolasjon i planet for lukkede kurver.

Samtlige algoritmer krever forholdsvis liten lagringsplass og har lineære arbeidsestimater. For det kvadratiske tilfellet ser vi også eksperimentelt at stabiliteten for algoritmene er sammenliknbar. Fra et teoretisk synspunkt er det altså liten forskjell.

For å løse praktiske problemer er imidlertid LU-faktoriseringen en klar vinner. I det kvadratiske tilfellet klarer den seg med en enklere oppdeling av lagringsmatrisen i undermatriser. Den er raskere, og algoritmen er betraktelig enklere å implementere. Dessuten lar den seg generalisere på en naturlig og enkel måte.

Når det gjelder QR-algoritmene blir disse betrakelig mer kompliserte når vi forlater det kvadratiske tilfellet, som det sees i Householders metode. Givens metode viser seg å bli enda vanskeligere å implementere i det generelle tilfellet. For større k er det også mindre hensiktsmessig å nulle ut pr. element enn pr. kolonne.

Tabellen nedenfor sammenlikner metodene slik de fungerte pr. kvadratisk tilfelle på eksemplene:

	Gauss	*Householder*	*Givens*
Regnearbeid for $n \times n$ matrise for kvadratiske splines.	9n	42n	48n
Lagringsplass	5n	9n	9n
Stabilitet	ok	ok	ok

2.3 Valg av kollokasjonspunkter

I seksjon 2.1.1 ble det vist i generelle vendinger hvordan man gitt interpolasjonsdata og et endelig-dimensjonalt funksjonsrom genererte et interpolasjonsproblem i form av en matriselikning (2.19).

I seksjon 2.2 antok vi at problemet (2.19) var veldefinert, dvs. at matrisen var invertibel. Dette er imidlertid ikke alltid tilfellet.

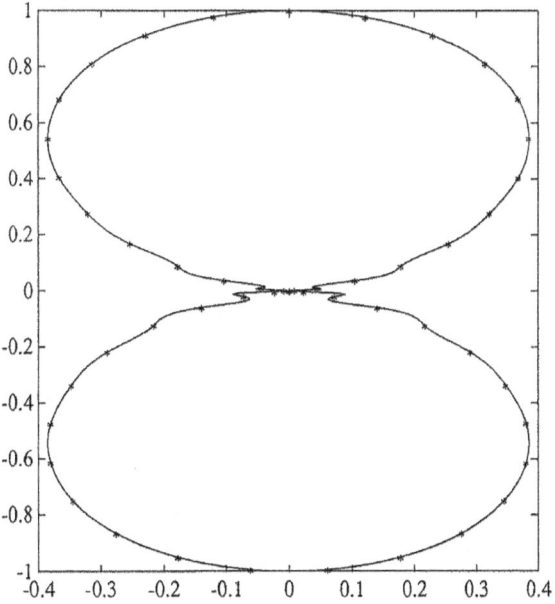

Figur 2.11: Kubisk interpolasjon

Figuren 2.11 viser en ikke spesielt vellykket interpolasjon av 51 punkter samplet uniformt fra kurven

$$\gamma(t) = (\cos^2 t \sin t, \cos^3 t).$$

Interpolasjon basert på 50 punkter gir sterke oscillerings-effekter, og 30 punkter gjør at algoritmene bryter sammen.

I det følgende legger jeg fram en ide om valg av interpolasjonspunkter som forhindrer at kollokasjonsmatrisen bryter sammen.

Anta vi kan velge data $(x_i, y_i) \in \mathbb{R} \times \mathbb{R}$, $x_1 < x_2 < \cdots < x_n$, fritt ved måling eller sampling for å generere en spline-funksjon f som tilfredstiller interpolasjonsbetingelsene

$$f(x_i) = y_i, \quad i = 1, 2, \ldots, n. \tag{2.38}$$

Med utgangspunkt i (2.38) danner vi et likningssystem,

$$f(x_i) = \sum_{j=1}^{n} c_j B_{j,k}^{\circ}(x_i) = y_i \quad i = 1, 2, \ldots, n. \tag{2.39}$$

Dette kan skrives på matriseform

$$\mathbf{Bc} = \begin{pmatrix} B_{1,k}^{\circ}(x_1) & \cdots & B_{n,k}^{\circ}(x_1) \\ \vdots & \ddots & \vdots \\ B_{1,k}^{\circ}(x_n) & \cdots & B_{n,k}^{\circ}(x_n) \end{pmatrix} \begin{pmatrix} c_1 \\ \vdots \\ c_n \end{pmatrix} = \begin{pmatrix} y_1 \\ \vdots \\ y_n \end{pmatrix} = \mathbf{y}. \tag{2.40}$$

For ikke-periodiske splines sikrer **Schoenberg-Whitney-teoremet** (Lyche & Schumaker [25]) at matrisen **B** er ikke-singulær hvis og bare hvis diagonalelementene $b_{i,i} = B_{i,k}^{\circ}(x_i)$ er positive for $i = 1, 2, \ldots, n$.

Dette er imidlertid ikke tilstrekkelig for det periodiske tilfellet.

Eksempel 2.3 *Intervallet* $[0, 2)$ *med skjøtfølgen* $\boldsymbol{t} = (\frac{1}{2}, \frac{3}{2})$ *har en periodisk utvidelse og gir opphav til et splinerom* $S_{2,t}^{\circ}$. *Dersom vi benytter interpolasjonspunkter* $x_1 = 0, x_2 = 1$ *får vi matrisen*

$$\mathbf{B} = \begin{pmatrix} B_{1,2}^{\circ}(x_1) & B_{2,2}^{\circ}(x_1) \\ B_{1,2}^{\circ}(x_2) & B_{2,2}^{\circ}(x_2) \end{pmatrix} = \begin{pmatrix} \frac{1}{2} & \frac{1}{2} \\ \frac{1}{2} & \frac{1}{2} \end{pmatrix}$$

som har positiv diagonal men som opplagt ikke er invertibel.□

Til tross for eksempelet ovenfor hvor interpolasjonsproblemet ikke var velstilt, kan vi alltid sikre oss invertible kollokasjonsmatriser dersom vi er villige til å tilpasse dimensjonen til rommet hvor man opererer. Følgende resultat er kjent (Schumaker [40]):

Teorem 2.6 *Dersom dimensjonen til* $S_{k,t}^{\circ}$ *er odde og alle elementer på diagonalen til kollokasjonsmatrisen er ekte positive er kollokasjonsmatrisen invertibel.*

Enkelte ganger kan det imidlertid være ønskelig å operere med et jevnt antall kollokasjons-punkter. Figuren 2.11 mister opplagt sine lokale symmetri-egenskaper om origo ved et odde antall kollokasjonspunkter. Vi vet fra teorem 2.2 at det fins punkter som gjør **B** invertibel i det jevnt-dimensjonale problemet.

Nedenfor skal vi antyde hvordan man kan klare å operere med et jevnt antall punkter ved å legge restriksjoner på hvordan punktene skal velges. La oss se hvordan man kan velge punkter for lineære splines.

Med maksimalpunket til en B-spline sup $B_{i,2}^{\circ}$ på en periode L menes den x_i på perioden $\mathbb{R}/p$ hvor p er gitt ved (1.2) og som er slik at

$$B_{i,2}^{\circ}(x_i) = \sup_{x \in \mathbb{R}} B_{i,2}^{\circ}(x). \tag{2.41}$$

Teorem 2.7 *Ved å velge kollokasjonspunkter* $\{x_i\}$ *lik maksimalpunkter for lineære splines er man sikret at kollokasjonsmatrisen er invertibel.*

bevis:

Maksimalpunktene til en lineær spline vil falle på skjøtene. I skjøtene er imidlertid verdiene enten 0 eller 1. Matrisen

$$\begin{pmatrix} B_{1,2}^{\circ}(x_1) & \dots & B_{n,2}^{\circ}(x_1) \\ \vdots & \ddots & \vdots \\ B_{1,2}^{\circ}(x_n) & \dots & B_{n,2}^{\circ}(x_n) \end{pmatrix} = \mathbf{I},$$

identitetsmatrisen, er invertibel. $\square$

I satsen ovenfor fikk vi bekreftet at det mest naturlige valg av kollokasjonspunkter kan vise seg å være det beste. Kollokasjonsmatrisen viser seg å bli identitetsmatrisen som både har optimalt kondisjonstall og er sin egen invers. Vi trenger ikke løse problemet via implisitte metoder, men kan genere løsningen **c** eksplisitt fra dataene **y**.

Hypotese 2.1 *Ved å velge kollokasjonspunkter* $\{x_i\}_{i=1}^{n}$ *lik maksimalpunktene til* $\{B_{i,k}^{\circ}\}_{i=1}^{n}$ *er man sikret av kollokasjonsmatrisen er invertibel.*

Videre i rapporten skal vi verifiserere hypotesen i enkelte spesialtilfeller. Det minst kom-pliserte av disse er studiet av periodiske kvadratiske splines. For kvadratiske splines med enkle ikke-uniforme skjøter har jeg utført ca. 50000 forsøk som bekrefter antagelsen. La oss se på noen teoretiske resultater.

2.3.1   Kvadratiske periodiske splines

Denne paragrafen tar for seg en serie av resultater knyttet til kollokasjonsmatrisen for
periodiske kvadratiske splines.

1. Lokalsering av maksimalpunkter.

2. Kollokasjonsmatrise for uniforme splines.

3. Kollokasjonsmatrise for ikke-uniforme splines.

Teorem 2.8 *Anta $B_j^\circ(x)$ er kontinuerlig. Dersom $t_{j+1} < t_{j+2}$ så ligger maksimalpunktet
x for B_j° i intervallet (t_{j+1}, t_{j+2}). Dersom $t_{j+1} = t_{j+2}$ er $x = t_{j+1}$.*

bevis:

Da $B_j^\circ(x)$ er kontinuerlig gjelder ekstremverdisetningen, dvs. $\exists x \in [t_j, t_{j+3}]$ slik at (2.41)
holder. Vi skal studere fire tilfeller. Fra rekursjonsformelen for periodiske B-splines (1.1)
ser vi at

$$B_j^\circ(x) = \frac{(x - t_j)^2}{(t_{j+2} - t_j)(t_{j+1} - t_j)} \chi_{[t_j, t_{j+1})}(x) \tag{2.42}$$

$$+ \left[\frac{(x - t_j)(t_{j+2} - x)}{(t_{j+2} - t_j)(t_{j+2} - t_{j+1})} + \frac{(t_{j+3} - x)(x - t_{j+1})}{(t_{j+3} - t_{j+1})(t_{j+2} - t_{j+1})} \right] \chi_{[t_{j+1}, t_{j+2})}(x) \tag{2.43}$$

$$+ \frac{(t_{j+3} - x)^2}{(t_{j+3} - t_{j+1})(t_{j+3} - t_{j+2})} \chi_{[t_{j+2}, t_{j+3})}(x) \tag{2.44}$$

$$= p_1(x)\chi_{[t_j, t_{j+1})}(x) + p_2(x)\chi_{[t_{j+1}, t_{j+2})}(x) + p_3(x)\chi_{[t_{j+2}, t_{j+3})}(x)$$

Tilfelle 1:

Anta alle skjøter er distinkte, dvs. $t_j < t_{j+1} < t_{j+2} < t_{j+3}$. Ved å derivere får vi

$$Dp_1(x) = \frac{2(x - t_j)}{(t_{j+2} - t_j)(t_{j+1} - t_j)} > 0 \quad \text{på} \quad (t_j, t_{j+1})$$

$$Dp_3(x) = \frac{-2(t_{j+3} - x)}{(t_{j+3} - t_{j+1})(t_{j+3} - t_{j+2})} < 0 \quad \text{på} \quad (t_{j+2}, t_{j+3})$$

Altså må alle ekstrempunkter ligge på $I = [t_{j+1}, t_{j+2}]$. Men ettersom p_1 er voksende for alle x som nærmer seg t_{j+1} nedenfra og B_j° er C^1, fins det en åpen omegn $U = (t_{j+1} - \epsilon, t_{j+1} + \epsilon)$ om t_{j+1} slik at B_j° er voksende i U og $DB_j^\circ(t_{j+1}) > 0$. Tilsvarende fins det en åpen omegn V om t_{j+2} slik at B_j° er avtagende i t_{j+2}. Herav må maksimumspunktet finnes i det indre av I.

Tilfelle 2:

La oss se på tilfellet med en dobbelskjøt på randen til $supp(B_j^\circ)$. Anta f. eks. vi har en dobbel skjøt i t_j, dvs. $t_j = t_{j+1} < t_{j+2} < t_{j+3}$. Da holder argumentet som før i alle punkter bortsett fra i t_j hvor $B_j^\circ \notin C^1$. Funksjonen kan imidlertid ikke anta sitt maksimum her ettersom $B_j^\circ(t_j) = 0$ samtidig som $\exists x \in \mathbb{R} : B_j^\circ(x) > 0$.

Tilfelle 3:

Anta $t_j < t_{j+1} = t_{j+2} < t_{j+3}$. I likhet med tilfelle 1 er B_j° voksende på (t_j, t_{j+1}) og avtagende på (t_{j+2}, t_{j+3}). Altså antar den sitt maksimum på $[t_{j+1}, t_{j+2}] = \{t_{j+1}\}$.

Tilfelle 4:

Anta $t_j = t_{j+1} < t_{j+2} = t_{j+3}$. B_j° er da en symmetrisk konkav parabel med maksimum i $(t_{j+1} + t_{j+2})/2$. $\square$

Dette teoremet sier at for å lete etter maksimalpunktet for en spline har vi allerede en viss forhåndsinformasjon om hvor den vil være å finne. Dette har både for teoretisk og algoritmisk betydning. Sagt på en annen måte har det konsekvenser både i den forstand at midtintervallet skaffer all den nødvendige informasjon dersom vi er på jakt etter en funksjon som assosierer en splines ekstremverdi med dens skjøter, og mer praktisk vil en algoritme for numerisk derivasjon eller bestemmelse av den x slik at $DB_j^\circ(x) = 0$ ha grensepunkter t_{j+1} og t_{j+2}. I beviset for teorem 2.11 benyttes en eksplisitt formel for ekstremverdien x som en funksjon av skjøtene $t_j, \ldots, t_{j+3}$.

Bemerk at teoremet ovenfor kun gjelder for kontinuerlige B-splines, dvs. splines på skjøtfølger med høyst doble skjøter. La oss se på situasjonen hvor vi har triple skjøter i høyre endeintervall. Da vil $t_j < t_{j+1} = t_{j+2} = t_{j+3}$ ha en basisfunksjon

$$B_j^\circ(x) = \left(\frac{(x - t_j)}{(t_{j+3} - t_j)} \right)^2 \chi_{[t_j, t_{j+3})}(x).$$

Her er

$$B_j^\circ(x) < \sup_{y \in \mathbb{R}} B_j^\circ(y),$$

for alle $x \in [t_j, t_{j+3})$. Funksjonen antar altså ikke sitt maksimum. På den annen side inneholder funksjonen verdier vilkårlig nærme maksimalverdien

$$\sup_{y \in \mathbb{R}} B_j^\circ(y) = 1.$$

Den enkleste form for kvadratiske splines er uniforme splines, altså kvadratiske splines på en enkel uniform skjøtvektor. Denne type funksjoner danner symmetriske kollokasjonsmatriser.

Teorem 2.9 *Ved å velge kollokasjonspunkter $\{x_i\}$ lik maksimalpunktene til $\{B_{i,3}^\circ\}$ for uniforme kvadratiske splines er vi sikret at kollokasjonsmatrisen er invertibel.*

bevis:

For uniforme splines er $t_j = jh$ for alle heltall j og en passende valgt $h \in R$.

Maksimalpunktet x er således lik $(t_{j+1} + t_{j+2})/2$. Evaluerer vi B_j° i dette punktet ved å bruke (2.43) får vi

$$
\begin{aligned}
B_j^\circ(x) &= \frac{(x - t_j)(t_{j+2} - x)}{(t_{j+2} - t_j)(t_{j+2} - t_{j+1})} + \frac{(t_{j+3} - x)(x - t_{j+1})}{(t_{j+3} - t_{j+1})(t_{j+2} - t_{j+1})} \\
&= \frac{\frac{3}{2}h\frac{1}{2}h}{2h^2} + \frac{\frac{1}{2}h\frac{1}{2}h}{2h^2} \\
&= 0.75.
\end{aligned}
$$

Matrisen

$$
\mathbf{B} = \frac{1}{8}\begin{pmatrix}
6 & 1 & & & & & 1 \\
1 & 6 & 1 & & & & \\
 & 1 & 6 & 1 & & & \\
 & & \ddots & \ddots & \ddots & & \\
 & & & & 1 & 6 & 1 \\
1 & & & & & 1 & 6
\end{pmatrix}
$$

er diagonaldominant og dermed invertibel (Dahl, Lyche & Winter[7]). □

I teoremet ovenfor utnyttet vi at diagonaldominante matriser er invertible. Det er en strategi vi skal forfølge i teoremene nedenfor. La oss se på generelle kvadratiske splines.

I beviset nedenfor benytter jeg meg av Tietzes utvidelsesteorem som er en generalisering av Urysohns lemma.

Teorem 2.10 (Tietze) *La X være et normalt rom. Hvis A er en lukket delmengde av X og f er en kontinuerlig avbildning av A på $[a, b]$, så eksisterer en kontinuerlig avbildning F fra X på $[a, b]$ slik at $F|A = f$.*

Teoremet bevises i Folland [12]. Med et normalt rom menes et rom X hvor for alle disjunkte lukkede mengder A, B i X det eksisterer disjunkte åpne mengder U, V slik at $A \subseteq U$, $B \subseteq V$.

Alle metriske rom er normale (Folland [12]).

Teorem 2.11 *Ved å velge kollokasjonspunkter $\{x_j\}$ slik at*

$$\sup B_{j,3}^\circ(x) = B_{j,3}^\circ(x_j)$$

for generelle periodiske kvadratiske splines er vi sikret at kollokasjonsmatrisen er invertibel.

bevis:

Beviset tar for seg tre tilfeller. Først studeres distinkte skjøter, deretter alle doble skjøter bortsett fra $t_j = t_{j+1} < t_{j+2} = t_{j+3}$ som behandles separat.

Tilfelle 1:

Anta alle skjøter er distinkte, dvs. $t_j < t_{j+1} < t_{j+2} < t_{j+3}$. Ved å bruke derivasjonsformelen (1.10) får vi følgende analytiske utrykk for kollokasjonspunktene $\{x_j\}$:

$$x_j = \frac{-t_j t_{j+1} + t_{j+2} t_{j+3}}{(t_{j+2} - t_j) - (t_{j+1} - t_{j+3})}.$$

Evaluerer vi B_j° i $x = x_j$ får vi

$$B_j^\circ(x_j) = \frac{(x_j - t_j)(t_{j+2} - x_j)}{(t_{j+2} - t_j)(t_{j+2} - t_{j+1})} + \frac{(t_{j+3} - x_j)(x_j - t_{j+1})}{(t_{j+3} - t_{j+1})(t_{j+2} - t_{j+1})} \tag{2.45}$$

$$
= \left[\frac{ \left(\frac{t_{j+1}(t_{j+2}-t_j)-t_{j+2}(t_{j+1}-t_{j+3})}{(t_{j+2}-t_j)-(t_{j+1}-t_{j+3})} - t_j \right)\left(t_{j+2} - \frac{t_{j+1}(t_{j+2}-t_j)-t_{j+2}(t_{j+1}-t_{j+3})}{(t_{j+2}-t_j)-(t_{j+1}-t_{j+3})} \right) }{ (t_{j+2} - t_j)(t_{j+2} - t_{j+1}) } \right.
$$

$$
\left. + \frac{ \left(t_{j+3} - \frac{t_{j+1}(t_{j+2}-t_j)-t_{j+2}(t_{j+1}-t_{j+3})}{(t_{j+2}-t_j)-(t_{j+1}-t_{j+3})} \right)\left(\frac{t_{j+1}(t_{j+2}-t_j)-t_{j+2}(t_{j+1}-t_{j+3})}{(t_{j+2}-t_j)-(t_{j+1}-t_{j+3})} - t_{j+1} \right) }{ (t_{j+3} - t_{j+1})(t_{j+2} - t_{j+1}) } \right] \tag{2.46}
$$

$$
= \frac{t_j - t_{j+3}}{(t_j - t_{j+3}) + (t_{j+1} - t_{j+2})} \tag{2.47}
$$

$$
= \frac{1}{1 + \frac{t_{j+2}-t_{j+1}}{t_{j+3}-t_j}} \tag{2.48}
$$

men $\forall \epsilon \in (0,1)$: $\frac{1}{1+\epsilon} \in (\frac{1}{2},1)$ så $B_j^o(x_j) = \frac{t_j-t_{j+3}}{(t_j-t_{j+3})+(t_{j+1}-t_{j+2})} \in (\frac{1}{2},1)$ for alle $t_j < t_{j+1} < t_{j+2} < t_{j+3}$. Altså er kollokasjonsmatrisen diagonaldominant og herav invertibel.

Tilfelle 2: Anta vi har minst en dobbelskjøt men ingen doble naboskjøter. La $\mathcal{F}$ være den funksjon som assosierer skjøtpunktene med maksimalverdien til $B_{j,3}^o$.

Uten tap av generalitet kan vi anta at $t_j = 0$ og $t_{j+3} = 1$. $\mathcal{F}$ blir derfor en funksjon av to variable. Vi observerer videre at for $0 < x < y < 1$ kan $\mathcal{F}$ beskrives som

$$
\mathcal{F}(x,y) = 1/(1 - x + y)
$$

slik vi kjenner den igjen fra (2.48).

La oss definere dette domenet som

$$
D = \{(x,y) \in \mathbf{R}^2 : 0 < x < y < 1\}.
$$

Den funksjon vi er på jakt etter avbilder tillukningen av D på den reelle tallinjen

$$
\mathcal{F} : \overline{D} \to \mathbf{R}.
$$

Vi observerer at $\overline{D}$ er et normalt rom og $\mathcal{F}|A$ for alle lukkede sammenhengende A i D avbildes på en sammenhengende lukket mengde i $\mathbf{R}$. Ved Tietzes teorem eksisterer da $\mathcal{F}$ som en kontinuerlig utvidelse av $1/(1 - x + y)$.

Dette betyr at vi kan undersøke $\mathcal{F}$'s verdier på ∂D, dvs. randen til D, som grense for verdiene på det indre.

Spesielt observerer vi at

- $\lim_{x \to y} \mathcal{F}(x,y) = 1,$

- $\lim_{(x,y)\to(0,y)} \mathcal{F}(x,y) = 1/(1+y) > \frac{1}{2}$ for $y < 1$,

- $\lim_{(x,y)\to(x,1)} \mathcal{F}(x,y) = 1/(2-x) > \frac{1}{2}$ for $x > 0$.

Det eneste tilfellet hvor vi får $\mathcal{F}(x,y) = \frac{1}{2}$ er altså $(x,y) = (0,1)$, med andre ord for skjøtfølgen $t_j = t_{j+1} < t_{j+2} = t_{j+3}$. Kollokasjonsmatrisen er invertibel i de resterende situasjoner.

Tilfelle 3:

La oss betrakte situasjonen hvor $t_j = t_{j+1} < t_{j+2} = t_{j+3}$. Kollokasjonsmatrisen som inneholder B-splines av denne typen kan ikke være diagonaldominant. Dersom vi ser på en skjøtfølge bestående utelukkende av doble skjøter får vi følgende matrise (for et jevnt antall interpolasjonspunkter):

$$\mathbf{B} = \frac{1}{4} \begin{pmatrix} 2 & 1 & & & & 1 \\ & 4 & & & & \\ & 1 & 2 & 1 & & \\ & & & 4 & & \\ & & & 1 & 2 & 1 \\ & & & & & \ddots \\ & & & & & & 4 \end{pmatrix}. \tag{2.49}$$

Vi legger merke til at matrisen har en invers

$$\mathbf{B}^{-1} = \frac{1}{2} \begin{pmatrix} 4 & -1 & & & & -1 \\ & 2 & & & & \\ & -1 & 4 & -1 & & \\ & & & 2 & & \\ & & & -1 & 4 & -1 \\ & & & & & \ddots \\ & & & & & & 2 \end{pmatrix}. \tag{2.50}$$

Dette kan bevises ved et noe omstendelig induksjonsbevis. Jeg skisserer:

Definer $\mathbf{A} = \mathbf{B}^{-1}$ i (2.50). La $\{\mathbf{b}_i\}$ være radene i $\mathbf{B}$, og $\{\mathbf{a}_i\}$ være søylene i $\mathbf{A}$. Jeg skal demonstrere at

$$\mathbf{b}_i^T \mathbf{a}_j = \delta_{i,j}$$

for alle $i, j \in \{1, 2, \ldots, n\}$.

Anta i er jevn. Da er

$$
\mathbf{b}_i^T \mathbf{a}_i = (0,\ldots,0,1,0,\ldots,0) \begin{pmatrix} 0 \\ \vdots \\ 0 \\ -1/2 \\ 1 \\ -1/2 \\ 0 \\ \vdots \\ 0 \end{pmatrix} = 1 * 1 = 1.
$$

$$
\mathbf{b}_i^T \mathbf{a}_{i+1} = 1 * 0 = 0.
$$
$$
\mathbf{b}_i^T \mathbf{a}_{i+2} = 0.
$$

Tilsvarende for $\mathbf{b}_i^T \mathbf{a}_{i-1}$ og $\mathbf{b}_i^T \mathbf{a}_{i-2}$. Fra observasjon 2.1 er $\mathbf{AB}$ en cyklisk 5-båndmatrise, så

$$
\mathbf{b}_i^T \mathbf{a}_{i+s} = 0,
$$

hvor $i = 3, 4, \ldots, n$, $s = 1, \ldots, n - i$ og $s = 1 - i, 2 - i, \ldots, -3$.

Anta $i > 1$ er odde. Da er

$$
\mathbf{b}_i^T \mathbf{a}_i = (0,\ldots,0,1/4,1/2,1/4,0,\ldots,0) \begin{pmatrix} 0 \\ \vdots \\ 0 \\ 2 \\ 0 \\ \vdots \\ 0 \end{pmatrix} = \tfrac{1}{2} * 2 = 1.
$$

$$
\mathbf{b}_i^T \mathbf{a}_{i+1} = (0,\ldots,0,1/4,1/2,1/4,0,\ldots,0) \begin{pmatrix} 0 \\ \vdots \\ -1/2 \\ 1 \\ -1/2 \\ 0 \\ \vdots \\ 0 \end{pmatrix} = \tfrac{1}{2} * (-\tfrac{1}{2}) + \tfrac{1}{4} * 1 = 0.
$$

Vi kan vise at de resterende indreprodukter

$$
\mathbf{b}_i^T \mathbf{a}_j = 0
$$

for $i \neq j$.

Altså $\mathbf{BA} = \mathbf{AB} = \mathbf{I}$, $\mathbf{A}$ er invers til $\mathbf{B}$. [2]

La oss se på det generelle tilfellet hvor vi har kombinasjoner av enkle og doble skjøter. Det enkleste tilfellet hvor svakt diagonaldominante matriser oppstår er situasjonen hvor vi har to doble naboskjøter. La oss illustrere med en kvasi-symbolsk matrise for et 6-dimensjonalt problem. Elementene markert med d er større enn 2.0, elementene merket x er mindre enn 2.0.

$$\mathbf{A} = \frac{1}{4} \begin{pmatrix} d & x & & & & x \\ x & d & x & & & \\ & & 4 & & & \\ & & 1 & 2 & 1 & \\ & & & & 4 & \\ x & & & & x & d \end{pmatrix}. \tag{2.52}$$

La $\mathbf{P}$ være en permutasjonsmatrise, dvs. alle radene i $\mathbf{P}$ inneholder nøyaktig et ett-tall og resten nuller. Da har

$$\mathbf{PAP}^T$$

samme determinant som $\mathbf{A}$ modulo fortegn (Lyche [30]). For matrisen i (2.52) velger vi en $\mathbf{P}$ som er lik identitetsmatrisen hvor tredje og sjette rad er permutert. Da er

$$\mathbf{PAP}^T = \frac{1}{4} \begin{pmatrix} d & x & x & & & \\ x & d & & & & x \\ x & & d & & x & \\ & & & 2 & 1 & 1 \\ & & & & 4 & \\ & & & & & 4 \end{pmatrix}. \tag{2.53}$$

Altså er matrisen brakt på en øvre blokk-triangulær form

$$\mathbf{PAP}^T = \begin{pmatrix} \mathbf{R}_{1,1} & \mathbf{R}_{1,2} & \mathbf{R}_{1,3} \\ 0 & \mathbf{R}_{2,2} & \mathbf{R}_{2,3} \\ 0 & 0 & \mathbf{R}_{3,3} \end{pmatrix}, \tag{2.54}$$

---

[2]Alternativt kan vi bevise påstanden ved å observere at (2.50) holder for $n = 4$:

$$\left[\frac{1}{4} \begin{pmatrix} 2 & 1 & 0 & 1 \\ 0 & 4 & 0 & 0 \\ 0 & 1 & 2 & 1 \\ 0 & 0 & 0 & 4 \end{pmatrix} \right]^{-1} = \frac{1}{2} \begin{pmatrix} 4 & -1 & 0 & -1 \\ 0 & 2 & 0 & 0 \\ 0 & -1 & 4 & -1 \\ 0 & 0 & 0 & 2 \end{pmatrix}. \tag{2.51}$$

Matrisen i (2.51) bringes på QR-form ved en givensrotasjon med parameter θ. (Givensrotasjoner behandles i [16].) Vi ser så at enhver kollokasjonsmatrise $\mathbf{B}$ på denne formen med dimensjon $2n$ kan bringes på QR-form ved den samme givens-parameteren. Med andre ord er QR-faktoriseringen og dermed også inverteringen $\mathbf{B}^{-1} = \mathbf{R}^{-1}\mathbf{Q}^T$ entydig gitt ved en parameter θ. Løsningen av $\mathbf{B}^{-1}$ i spesialtilfellet $n = 2$ gir da opphav til inverser med større rang slik (2.50) viser.

hvor

$$R_{1,1} = \frac{1}{4}\begin{pmatrix} d & x & x \\ x & d & \\ x & & d \end{pmatrix}, R_{2,2} = \frac{1}{4}\begin{pmatrix} 2 & 1 \\ 0 & 4 \end{pmatrix}, R_{3,3} = (1).$$

Da $R_{1,1}$ og $R_{3,3}$ er diagonaldominante og $R_{2,2}$ har en eksplisitt invers

$$R_{2,2}^{-1} = \frac{1}{4}\begin{pmatrix} 4 & -1 \\ 0 & 2 \end{pmatrix},$$

er A invertibel. Det tilsvarende n-dimensjonale problemet, hvor den svakt diagonaldominante matrisen

$$R = \frac{1}{4}\begin{pmatrix} 4 & 0 & 0 \\ 1 & 2 & 1 \\ 0 & 0 & 4 \end{pmatrix} \tag{2.55}$$

oppstår som en undermatrise med $r_{1,1}$ i $a_{i,i}$, blokk-trianguleres ved å multiplisere med en permutasjonsmatrise P på samme måte som (2.54), men hvor P er generert ved å permutere i'te og n'te rad i identitetsmatrisen.

Anta til slutt at vi har flere forekomster av doble naboskjøter. Matrisen A kommer da på en cyklisk blokk-tridiagonal form

$$A = \begin{pmatrix} A_{1,1} & A_{1,2} & & & & A_{1,m} \\ A_{2,1} & A_{2,2} & A_{2,3} & & & \\ & A_{3,2} & A_{3,3} & A_{3,4} & & \\ & & \ddots & \ddots & \ddots & \\ & & & A_{m-1,m-2} & A_{m-1,m-1} & A_{m-1,m} \\ A_{m,1} & & & & A_{m,m-1} & A_{m,m} \end{pmatrix} \tag{2.56}$$

hvor $A_{i,i}$ er enten diagonaldominant eller på eksplisitt form $A_{i,i} = R$ fra (2.55). Matrisene $A_{i,(i-1)\mathrm{mod}\,n}$ har et element x ekte mindre enn $\frac{1}{2}$ i sitt øvre høyre hjørne dersom $A_{i,i}$ er diagonaldominant men identisk lik null-matrisen ellers. Tilsvarende har matrisene $A_{i,(i+1)\mathrm{mod}\,n}$ et element x ekte mindre enn $\frac{1}{2}$ i sitt nedre venstre hjørne dersom $A_{i,i}$ er diagonaldominant men identisk lik null-matrisen ellers.

Anta først at $A_{m,m}$ er på formen (2.55). Siden $A_{m,1} = 0$ og $A_{m,m-1} = 0$ er A redusibel, dvs. den har formen

$$A = \begin{pmatrix} \widetilde{A}_{1,1} & \widetilde{A}_{1,2} \\ 0 & \widetilde{A}_{2,2} \end{pmatrix}$$

hvor $\widetilde{A}_{2,2} = A_{m,m}$, og A er inverterbar dersom $\widetilde{A}_{1,1}$ er inverterbar (Varga [42]).

La oss se på

$$\widetilde{A}_{1,1} = \begin{pmatrix} A_{1,1} & A_{1,2} & & & \\ A_{2,1} & A_{2,2} & A_{2,3} & & \\ & & \ddots & & \\ & & A_{m-1,m-2} & A_{m-1,m-1} \end{pmatrix}.$$

Dersom alle $A_{j,j}$ er diagonaldominante , eller alle $A_{j,j}$ er på formen (2.55), er $\widetilde{A}_{1,1}$ invertibel.

Anta $A_{i,i}$ er på formen (2.55) for en $i \in \{1, 2, \ldots, m-1\}$. Uten tap av generalitet kan vi anta $i < m-1$, og at matrisene $A_{i-1,i-1}$, $A_{i+1,i+1}$ er diagonaldominante.

Betrakt så situasjonen

$$B = \begin{pmatrix} A_{i-1,i-1} & A_{i-1,i} & 0 \\ 0 & A_{i,i} & 0 \\ 0 & A_{i+1,i} & A_{i+1,i+1} \end{pmatrix} = \frac{1}{4} \begin{pmatrix} d & x & & & & \\ & 4 & & & & \\ & 1 & 2 & 1 & & \\ & & & 4 & & \\ & & & x & d & x \\ & & & & x & d \end{pmatrix}$$

hvor $d > 2.0$.

Vi velger en permutasjonsmatrise P hvor fjerde og femte kolonne er permutert.

Produktet PBP^T generer

$$PBP^T = \begin{pmatrix} d & x & & & \\ & 4 & & & \\ & 1 & 2 & 1 & \\ & & & d & x & x \\ & & & 4 & \\ & & & x & d \end{pmatrix} = \begin{pmatrix} R_{1,1} & R_{1,2} & 0 \\ 0 & R_{2,2} & R_{2,3} \\ 0 & 0 & R_{3,3} \end{pmatrix}$$

hvor

$$R_{2,2} = \frac{1}{4} \begin{pmatrix} 4 & 0 \\ 1 & 2 \end{pmatrix}$$

har en eksplisitt invers

$$R_{2,2}^{-1} = \frac{1}{2} \begin{pmatrix} 2 & 0 \\ -1 & 4 \end{pmatrix},$$

mens $R_{1,1}$ og $R_{3,3}$ er diagonaldominante.

Vi har nå dekket alle forekomster av doble skjøter for **A** inklusivt situasjonen hvor $\mathbf{A}_{m,m}$ er diagonaldominant. Det siste svarer til situasjonen (2.52) som vi har beskrevet.

Endelig kan vi slutte at kollokasjonsmatrisen for periodiske kvadratiske splines alltid er invertibel dersom den initieres i maksimalpunktene. □

For å bevise setningen ovenfor benyttet vi oss av interessante egenskaper for periodiske kvadratiske splines. La oss formulere disse:

Korrolar 2.3 *Betrakt maksimalverdien for en kontinuerlig periodisk kvadratisk B-spline som en funksjon av sine skjøter. Da vil alle skjøtkombinasjoner bortsett fra $t_j = t_{j+1} < t_{j+2} = t_{j+3}$ gi diagonaldominante kollokasjonsmatriser.*

bevis:

For kontinuerlige kvadratiske splines kan vi høyst ha doble skjøter. Da svarer dette nøyaktig til tilfelle 2 i teoremet ovenfor. □

Korrolaret kan også parafraseres på følgende måte:

Korrolar 2.4 *La $\mathcal{F}$ være funksjonen som gitt skjøtene i bæreren til en kontinuerlig B-spline B_j^0 beregner splinens maksimalverdi. Da har $\mathcal{F}$ et minimum for skjøten $t_j = t_{j+1} < t_{j+2} = t_{j+3}$.*

Før vi forlater de kvadratiske splines demonstrerer jeg noen numeriske studier av interpolering slik vi har behandlet det ovenfor.

2.3.2 Empiriske studier av maksimalverdi-interpolasjon for kvadratiske periodiske splines.

For å utprøve styrken i å interpolere i ekstrempunktene for kvadratiske periodiske splines tester jeg følgende problem:

Anta vi har en tilfeldig generert ikke-uniform periodisk skjøtfølge t med enkle skjøter. Med skjøten t assosieres så et n-tuppel av interpolasjonspunkter $\{x_i\}$ som svarer til ekstrempunktene for B-splines på t.

La nå

$$y_i = \frac{(-1)^i}{3}$$

være interpolasjonsverdier. Det assosierte interpolasjonsproblemet består i å løse det linære systemet

$$Bc = y \tag{2.57}$$

hvor B er interpolasjonsmatrisen, c er spline-koeffesientene og y er som bestemt ovenfor.

La oss først løse problemet på en arbeidsstasjon (DEC 3100) med enkel presisjons flytende aritmetikk.

Deretter løser vi det tilsvarende problemet

$$B\hat{c} = y \tag{2.58}$$

hvor faktoriseringen og representasjonen av koeffesienter $\hat{c}$ er i dobbel presisjon. Høyresiden y beregnes også med dobbel presisjon, men er initiert med en enkeltpresisjonsverdi identisk med det første problemet.

Avrundingsenheten for henholdsvis enkel og dobbel presisjon er

$$\mu \approx 1.000000e\text{-}07$$

og

$$\hat{\mu} \approx 1.000000e\text{-}15.$$

Med dette menes at $(1.0+1.000000e\text{-}08)\text{-}1.0$ og $(1.0+1.000000e\text{-}16)\text{-}1.0$ rundes av til $0.000000e\text{+}00$ i henholdsvis enkel og dobbel aritmetikk.

Tabellen nedenfor viser en sammenlikning av koeffesientene i de mest ekstreme tilfellene fra 3000 eksperimenter med 20×20-matriser. Interpolasjonsmatrisen er faktorisert ved hjelp av gauss-eliminering.

Sammenlikningen består i beregning av maks. avvik, dvs. måling av l_∞-avstanden mellom c og $\hat{c}$. Normen $\|x\|_\infty$ er definert som $\sup_i |x_i|$. Dataene sammenliknes så med uniformitets-kvotienten

$$H_t = \frac{{}^h\text{MIN}}{{}^h\text{MAX}}$$

hvor $h_j = t_{j+1} - t_j$.

$\|c - \hat{c}\|_\infty$	${}^h\text{MIN}/{}^h\text{MAX}$		$\|c - \hat{c}\|_\infty$	${}^h\text{MIN}/{}^h\text{MAX}$
2.163760e-06	1.582880e-05		2.024483e-06	9.440727e-05
2.204816e-06	6.892052e-05		2.048813e-06	7.927151e-05
2.250198e-06	3.797064e-05		2.054783e-06	5.749941e-05
2.251233e-06	2.742100e-06		2.061665e-06	6.584191e-05
2.266067e-06	5.029812e-05		2.070345e-06	2.202511e-05
2.268328e-06	7.344933e-05		2.124500e-06	4.067831e-05
2.367439e-06	2.522402e-05		2.127129e-06	1.234469e-05
2.379148e-06	6.459146e-05		2.147929e-06	8.600869e-05
2.400054e-06	5.180368e-05		2.150928e-06	8.045988e-05
2.417084e-06	4.402704e-05		2.159334e-06	5.283003e-05

Dersom vi sammenlikner feilen $\|c - \hat{c}\|_\infty$ med avrundingsenheten μ ser vi at det er liten forskjell. Feilen kan skyldes graden av ikke-uniformitet i skjøten og avrundingsfeil i algoritmene. Relativ feil med hensyn på dobbel aritmetikk,

$$\|c - \hat{c}\|_\infty / \|\hat{c}\|_\infty = (2.000000e\text{-}06)/(8.000000e\text{-}01) = 2.500000e\text{-}06,$$

har ett siffers unøyaktighet med hensyn på μ. Dette tyder på at interpolasjonspunktene er gode.

Vi kan ha en mistanke om at uniforme skjøter vil gi mindre avvik enn ikke-uniforme og at sterkere grad av ikke-uniformitet gir større avvik i koeffesientene. Tabellene viser at avvik i koeffesiente forekommer på ikke-uniforme skjøter. Dette motiverer til å utføre en regresjonsanalyse.

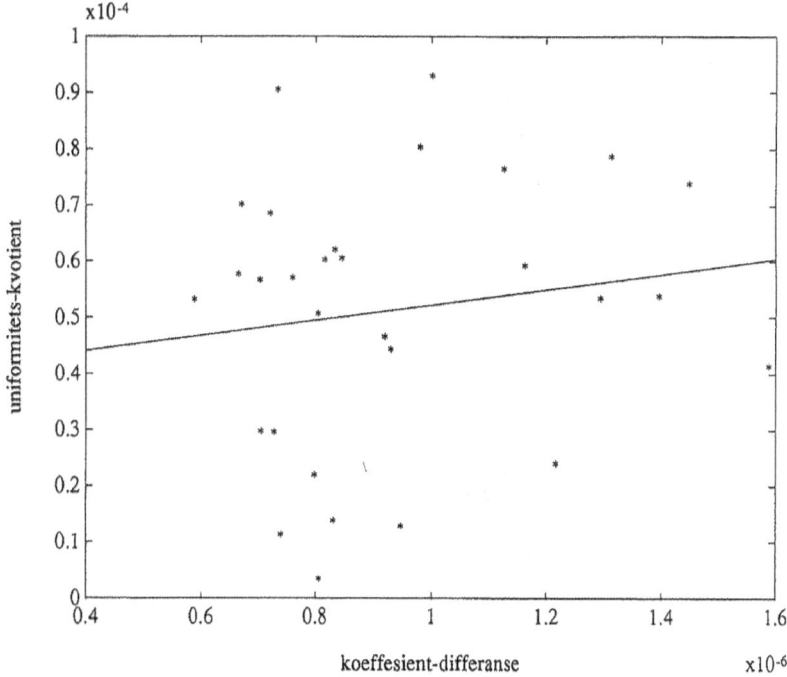

Figur 2.12: Statistisk undersøkelse av lineær sammenheng mellom $\|c - \hat{c}\|_\infty$ og h_{MIN}/h_{MAX}. Sampelpopulasjon på 30 individer.

Figurene (2.12) og (2.13) viser en linær regresjonsmodell. Korrelasjonskoeffesienten for første sampel måler $r = 1.4958e\text{-}01$, mens vi for det andre sampel gir $r = -5.2519e\text{-}03$. Koeffesienten $|r| = 1$ inntreffer hvis alle punkter ligger på en rett linje, $r = 0$ betyr det motsatte. Observasjonen tyder på ingen sammenheng mellom observasjonene.

Bortsett fra dette kan vi observere en opphopning av koeffesient verdier for en differanse på ca. 0.85e-06.

Dersom koeffesientdifferansen skyldes avrundingsfeil i algoritmene burde dette la seg avsløre dersom vi gjorde sammenlikninger med mer stabile algoritmer. Tabellene nedenfor er resultatet etter kjøring av programmer som begge løser (2.57) og (2.58) henholdsvis med gauss-eliminering (LU-faktorisering) og householder-transformasjoner (QR-faktorisering).

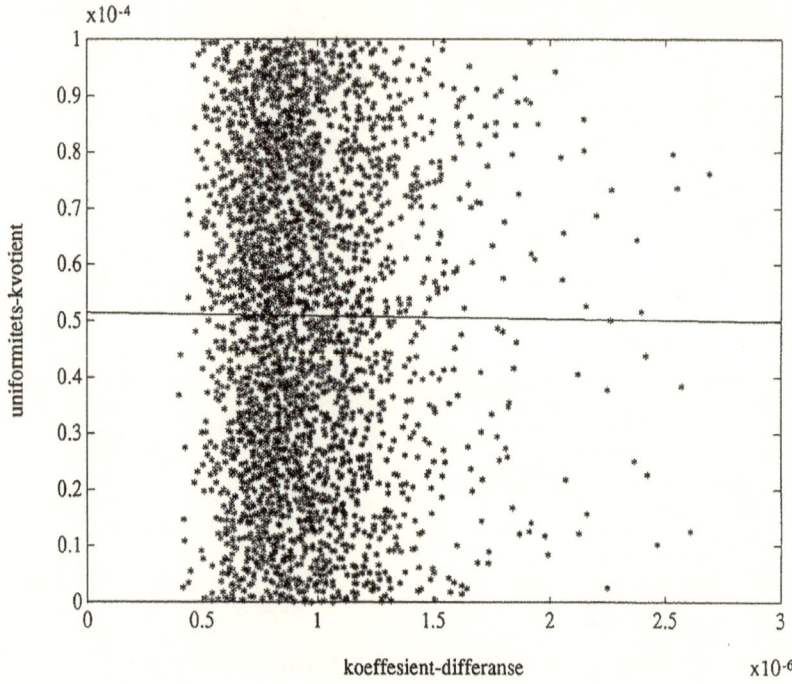

Figur 2.13: Statistisk undersøkelse av lineær sammenheng mellom $\|c - \hat{c}\|_\infty$ og h_{MIN}/h_{MAX}.

Sammenlikningen mellom LU- og QR-faktorisering baserer seg også på enkel aritmetikk. Tabellene sammenlikner algoritme-differansene med differansene fra presisjonsundersøkelsene.

$\|c - \hat{c}\|_\infty$	$\|c - \tilde{c}\|_\infty$
1.020222e-07	4.172325e-07
1.030537e-07	2.980232e-07
1.045643e-07	2.980232e-07
1.058504e-07	2.384186e-07
1.076829e-07	2.384186e-07
1.184133e-07	2.980232e-07
1.239971e-07	2.384186e-07
1.253123e-07	2.384186e-07
1.317321e-07	2.980232e-07
1.572742e-07	2.980232e-07
2.562865e-08	2.980232e-07
2.815188e-08	1.788139e-07
2.905553e-08	4.172325e-07
3.250790e-08	3.576279e-07
3.332453e-08	1.788139e-07

$\|c - \hat{c}\|_\infty$	$\|c - \tilde{c}\|_\infty$
3.668793e-08	1.192093e-07
3.699327e-08	1.788139e-07
3.724901e-08	1.192093e-07
4.131699e-08	5.364418e-07
4.394930e-08	2.384186e-07
4.551342e-08	1.788139e-07
4.596502e-08	2.980232e-07
4.719948e-08	1.788139e-07
4.782490e-08	1.192093e-07
4.863502e-08	3.576279e-07
4.928331e-08	1.788139e-07
4.960511e-08	1.788139e-07
4.987059e-08	2.384186e-07
5.017343e-08	1.192093e-07
5.024874e-08	2.384186e-07

Tallmaterialt som ligger til grunn for den siste tabellen kan også illustreres grafisk. Grafen er basert på 100 generte data.

Figuren 2.14 viser et plott hvor horisontalaksen inneholder informasjon om differansen mellom koeffesientene beregnet med enkel og dobbel presisjon, mens vertikalaksen gir differansen mellom koeffesientene beregnet med LU-faktorisering kontra QR-faktorisering, begge i enkel presisjon.

Forskjellen med hensyn på algoritme er større enn forskjellen med hensyn på presisjon. Tilsynelatende kan det ha betydning hva slags algoritme vi benytter.

På den annen side er denne forskjellen i samme størrelsesorden som avrundingsenheten. Denne observasjonen antyder også at interpolasjonspunktene er gode.

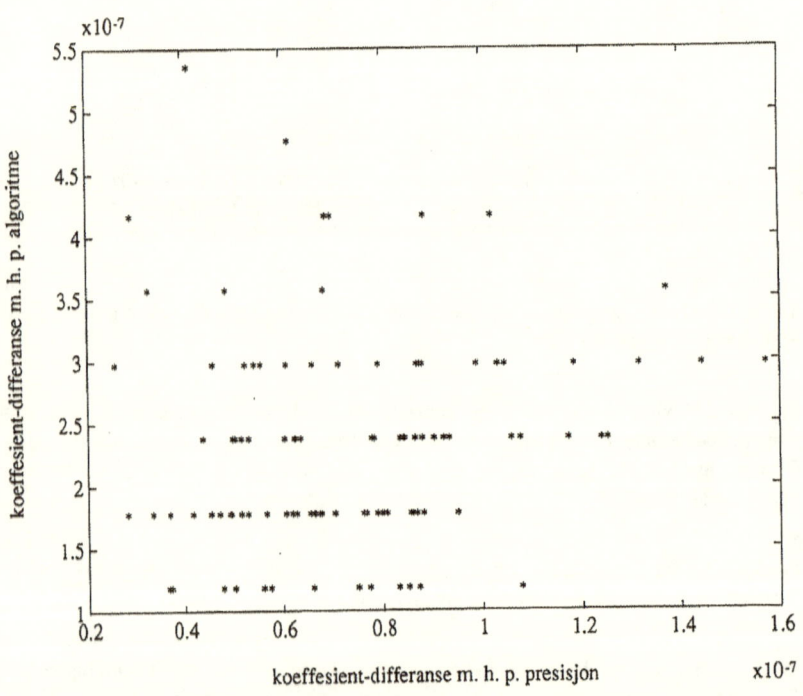

Figur 2.14: Plott av $\|c - \hat{c}\|_\infty$ og $\|c - \tilde{c}\|_\infty$.Sampelpopulasjon på 100 individer.

2.3.3 Kubiske periodiske splines

La oss studere fenomene fra forrige seksjon i kubiske omgivelser. Vi starter med en eksplisitt form for basisfunksjonene.

For kubiske splines får vi $B_{j,4}(x) =$

$$= \frac{\left(-t_j + x\right)^3}{\left(-t_j + t_{j+1}\right)\left(-t_j + t_{j+2}\right)\left(-t_j + t_{j+3}\right)} \chi_{[t_j, t_{j+1})}(x) \tag{2.59}$$

$$+ \left[\frac{\left(-t_{j+1} + x\right)^2 \left(1 - \frac{-t_{j+1} + x}{-t_{j+1} + t_{j+4}}\right)}{\left(-t_{j+1} + t_{j+2}\right)\left(-t_{j+1} + t_{j+3}\right)} \right.$$

$$\left. + \frac{\left(-t_j + x\right)\left(\frac{\left(-t_j + x\right)\left(1 - \frac{-t_{j+1} + x}{-t_{j+1} + t_{j+2}}\right)}{-t_j + t_{j+2}} + \frac{\left(-t_{j+1} + x\right)\left(1 - \frac{-t_{j+1} + x}{-t_{j+1} + t_{j+3}}\right)}{-t_{j+1} + t_{j+2}}\right)}{-t_j + t_{j+3}} \right] \chi_{[t_{j+1}, t_{j+2})}(x) \tag{2.60}$$

$$+ \left[\frac{\left(-t_j + x\right)\left(1 - \frac{-t_{j+1} + x}{-t_{j+1} + t_{j+3}}\right)\left(1 - \frac{-t_{j+2} + x}{-t_{j+2} + t_{j+3}}\right)}{-t_j + t_{j+3}} \right. \tag{2.61}$$

$$\left. + \left(1 - \frac{-t_{j+1} + x}{-t_{j+1} + t_{j+4}}\right)\left(\frac{\left(-t_{j+1} + x\right)\left(1 - \frac{-t_{j+2} + x}{-t_{j+2} + t_{j+3}}\right)}{-t_{j+1} + t_{j+3}} + \frac{\left(-t_{j+2} + x\right)\left(1 - \frac{-t_{j+2} + x}{-t_{j+2} + t_{j+4}}\right)}{-t_{j+2} + t_{j+3}}\right) \right] \chi_{[t_{j+2}, t_{j+3})}(x)$$

$$+ \left(1 - \frac{-t_{j+1} + x}{-t_{j+1} + t_{j+4}}\right)\left(1 - \frac{-t_{j+2} + x}{-t_{j+2} + t_{j+4}}\right)\left(1 - \frac{-t_{j+3} + x}{-t_{j+3} + t_{j+4}}\right) \chi_{[t_{j+3}, t_{j+4})}(x) \tag{2.62}$$

La oss si noe om hvordan vi kan velge interpolasjonspunkter analogt med dem vi valgte i avsnittet om kvadratiske splines.

Resultatene nedenfor tar for seg

1. Lokalisering av maksimalpunktet og formel for beregning av disse verdiene.

2. Ikke-singularitet av kollokasjonsmatrisen for det uniforme tilfellet.

3. Studier av kollokasjonsmatrisen for ikke-uniforme B-splines.

Teorem 2.12 *Anta B_j er kontinuerlig. Dersom $t_{j+1} < t_{j+3}$ så ligger maksimalpunktet for B_j, dvs. den $x \in \mathbb{R}$ slik at*

$$B_j(x) = \sup_{y \in \mathbb{R}} B_j(y), \tag{2.63}$$

i intervallet (t_{j+1}, t_{j+3}). Dersom $t_{j+1} = t_{j+3}$ er $x = t_{j+1}$.

bevis:

Jeg tar utgangspunkt i likningene (2.59)...(2.62). Da $B_j^o(x)$ er kontinuerlig gjelder ekstremverdisetningen, dvs. $\exists x \in [t_j, t_{j+3}]$ slik at (2.63) holder. Vi betrakter tre tilfeller svarende til situasjonene hvor det forekommer enkle, doble og triple skjøter.

Tilfelle 1:

Anta alle skjøter er distinkte, dvs. $t_j < t_{j+1} < t_{j+2} < t_{j+3} < t_{j+4}$. Ved å derivere får vi på intervallene $[t_j, t_{j+1}]$ og $(t_{j+3}, t_{j+4}]$ at $DB_j(x)$ blir henholdsvis

$$\frac{3(-t_j + x)^2}{(-t_j + t_{j+1})(-t_j + t_{j+2})(-t_j + t_{j+3})} > 0 \quad \text{på} \quad (t_j, t_{j+1}) \tag{2.64}$$

og

$$\frac{-3\left(1 - \frac{-t_{j+2}+x}{-t_{j+2}+t_{j+4}}\right)\left(1 - \frac{-t_{j+3}+x}{-t_{j+3}+t_{j+4}}\right)}{-t_{j+1} + t_{j+4}} < 0 \quad \text{på} \quad (t_{j+3}, t_{j+4}) \tag{2.65}$$

Altså må alle ekstrempunkter ligge på $I = [t_{j+1}, t_{j+3}]$. Deriverbarheten i punktene t_{j+1} og t_{j+3} sikrer som i det kvadratiske tilfellet at maksimalpunktet ligger på det indre av I.

Tilfelle 2:

Doble skjøter i randen til $supp(B_j)$ vil i likhet med det kvadratiske tilfellet ikke bidra til av maksimumspunktet havner utenfor $I = [t_{j+1}, t_{j+3}]$. Dersom $t_j = t_{j+1}$ eller $t_{j+2} = t_{j+3}$ gjelder fortsatt ulikheten (2.64) og (2.65). Da splinen er kontinuerlig deriverbar i dobbelskjøten kan maksimalpunktet ikke ligge her.

Anta vi har en dobbelskjøt enten i t_{j+1} eller t_{j+3}. Da er fortsatt $\text{int}(I) = (t_{j+1}, t_{j+3})$, dvs. I har et ikke-tomt indre som vil inneholde ekstrempunktet.

Tilfelle 3:

La oss se på tilfellet med en trippelskjøt på randen til $supp(B_j)$. Anta f. eks. vi har en trippel skjøt i t_j, dvs. $t_j = t_{j+1} = t_{j+2} < t_{j+3} \le t_{j+4}$. Da holder ulikhetene (2.64) og (2.65) som før. Maksimalpunktet er med i I, men $B_j(x) \notin C'$ for t_{j+3}. Funksjonen kan imidlertid ikke anta sitt maksimum her ettersom $B_j(t_{j+3}) = 0$ samtidig som $\exists x \in \mathbb{R} : B_j(x) > 0$.

Dersom vi har en trippelskjøt i t_{j+1} eller t_{j+3} må $t_j < t_{j+3}$ eller $t_{j+1} < t_{j+4}$ slik at (2.64) og (2.65) holder. Maksimalpunktet er med i $I = \{t_{j+1}\}$. $\square$

Vi har ikke sagt noe om kvadruple skjøter som svarer til diskontinuerlige splines. (Se bemerkningen etter det tilsvarende teoremet for kvadratiske splines.)

Lemma 2.1 *For kubiske splines med distinkte skjøter er maksimalpunktet* x_i *til* B_i

$$\sup B^\circ_{i,4}(x) = B^\circ_{i,4}(x_i)$$

gitt på formen $x_j =$

$$\frac{t_j{}^2 t_{j+1} + t_j t_{j+1}{}^2 - t_j t_{j+1} t_{j+2} - t_j t_{j+1} t_{j+3}}{t_j{}^2 + t_j t_{j+1} + t_{j+1}{}^2 - t_j t_{j+2} - t_{j+1} t_{j+2} - t_j t_{j+3} - t_{j+1} t_{j+3} + t_{j+2} t_{j+3} - t_j t_{j+4} - t_{j+1} t_{j+4} + t_{j+2} t_{j+4} + t_{j+3} t_{j+4}}$$

$$+\frac{\sqrt{t_j - t_{j+2}}\sqrt{t_{j+1} - t_{j+2}}\sqrt{t_j - t_{j+3}}\sqrt{t_{j+1} - t_{j+3}}\sqrt{t_j - t_{j+4}}\sqrt{t_{j+1} - t_{j+4}} - t_j t_{j+1} t_{j+4} + t_{j+2} t_{j+3} t_{j+4}}{t_j{}^2 + t_j t_{j+1} + t_{j+1}{}^2 - t_j t_{j+2} - t_{j+1} t_{j+2} - t_j t_{j+3} - t_{j+1} t_{j+3} + t_{j+2} t_{j+3} - t_j t_{j+4} - t_{j+1} t_{j+4} + t_{j+2} t_{j+4} + t_{j+3} t_{j+4}}$$

dersom $t_{j+1} < x_j < t_{j+2}$, *og*

$$\frac{t_j t_{j+1} t_{j+2} - t_j t_{j+3} t_{j+4} - t_{j+1} t_{j+3} t_{j+4} - t_{j+2} t_{j+3} t_{j+4} + t_{j+3}{}^2 t_{j+4} + t_{j+3} t_{j+4}{}^2}{t_j t_{j+1} + t_j t_{j+2} + t_{j+1} t_{j+2} - t_j t_{j+3} - t_{j+1} t_{j+3} - t_{j+2} t_{j+3} + t_{j+3}{}^2 - t_j t_{j+4} - t_{j+1} t_{j+4} - t_{j+2} t_{j+4} + t_{j+3} t_{j+4} + t_{j+4}{}^2}$$

$$-\frac{\sqrt{-t_j + t_{j+3}}\sqrt{-t_{j+1} + t_{j+3}}\sqrt{-t_{j+2} + t_{j+3}}\sqrt{-t_j + t_{j+4}}\sqrt{-t_{j+1} + t_{j+4}}\sqrt{-t_{j+2} + t_{j+4}}}{t_j t_{j+1} + t_j t_{j+2} + t_{j+1} t_{j+2} - t_j t_{j+3} - t_{j+1} t_{j+3} - t_{j+2} t_{j+3} + t_{j+3}{}^2 - t_j t_{j+4} - t_{j+1} t_{j+4} - t_{j+2} t_{j+4} + t_{j+3} t_{j+4} + t_{j+4}{}^2}$$

dersom $t_{j+2} \leq x_j < t_{j+2}$.

bevis:

Ved å derivere en kubisk B-spline B_i ved hjelp av derivasjonsformelen (1.10) får vi $DB_j(x) =$

$$= \frac{3(-t_j + x)^2}{(-t_j + t_{j+1})(-t_j + t_{j+2})(-t_j + t_{j+3})}\chi_{[t_j, t_{j+1})}(x) \qquad (2.66)$$

$$+ \left[\frac{-3(-t_{j+1} + x)^2}{(-t_{j+1} + t_{j+2})(-t_{j+1} + t_{j+3})(-t_{j+1} + t_{j+4})} \right.$$

$$\left. + \frac{\frac{3(-t_j + x)\left(1 - \frac{-t_{j+1} + x}{-t_{j+1} + t_{j+2}}\right)}{-t_j + t_{j+2}} + \frac{3(-t_{j+1} + x)\left(1 - \frac{-t_{j+1} + x}{-t_{j+1} + t_{j+3}}\right)}{-t_{j+1} + t_{j+2}}}{-t_j + t_{j+3}} \right] \chi_{[t_{j+1}, t_{j+2})}(x) \qquad (2.67)$$

$$+ \left[\frac{3\left(1 - \frac{-t_{j+1}+x}{-t_{j+1}+t_{j+3}}\right)\left(1 - \frac{-t_{j+2}+x}{-t_{j+2}+t_{j+3}}\right)}{-t_j + t_{j+3}} \right.$$

$$\left. - \frac{\frac{3(-t_{j+1}+x)\left(1 - \frac{-t_{j+2}+x}{-t_{j+2}+t_{j+3}}\right)}{-t_{j+1}+t_{j+3}} + \frac{(-t_{j+2}+x)\left(1 - \frac{-t_{j+2}+x}{-t_{j+2}+t_{j+4}}\right)}{-t_{j+2}+t_{j+3}}}{-t_{j+1} + t_{j+4}} \right] \chi_{[t_{j+2},t_{j+3})}(x) \quad (2.68)$$

$$+ \frac{-3\left(1 - \frac{-t_{j+2}+x}{-t_{j+2}+t_{j+4}}\right)\left(1 - \frac{-t_{j+3}+x}{-t_{j+3}+t_{j+4}}\right)}{-t_{j+1} + t_{j+4}} \chi_{[t_{j+3},t_{j+4})}(x) \quad (2.69)$$

Den algebraiske likningen $DB_j(x) = 0$ har reelle røtter svarende til røtter for 2. grads-polynomene $(2.66),\ldots,(2.69)$ dersom roten er inneholdt i bæreren til polynomets karakteristiske funksjon $\chi(x)$. Disse røttene blir: $x_1 = t_j$, $x_2 = t_{j+4}$ og x_3, x_4 som angitt i påstanden. Røttene er beregnet med MATHEMATICA og forenklet så langt det lot seg gjøre i helhold til det. □

Kompleksiteten av røttene antyder at for praktiske beregninger kan et numerisk estimat av røttene være vel så bra om ikke bedre. I beviset nedenfor benyttes den eksplisitte formelen for $B_j(x)$ og x_j i særtilfellet hvor $t_j = t + jh$ for $t, h \in R$.

Teorem 2.13 *Ved å velge kollokasjonspunkter $\{x_i\}$ lik maksimalpunktene for uniforme kubiske splines er vi sikret av kollokasjonsmatrisen er invertibel.*

bevis:

For uniforme splines er $t_j = t + jh$ for alle heltall j og passende valgt $t, h \in \mathsf{R}$.

Evaluerer vi B_j i et vilkårlig punkt x får vi $B_j(x) =$

$$\frac{(-t+x)^2}{2h^3}\chi_{[t_j,t_{j+1})}(x)$$

$$+ 3\left[\frac{-(-h-t+x)^2}{6h^3} + \frac{\frac{(-t+x)\left(1 - \frac{-h-t+x}{h}\right)}{2h} + \frac{(-h-t+x)\left(1 - \frac{-h-t+x}{2h}\right)}{h}}{3h}\right]\chi_{[t_{j+1},t_{j+2})}(x)$$

$$+ 3\left[\frac{\left(1 - \frac{-2h-t+x}{h}\right)\left(1 - \frac{-h-t+x}{2h}\right)}{3h} - \frac{\frac{(-h-t+x)\left(1 - \frac{-2h-t+x}{h}\right)}{2h} + \frac{(-2h-t+x)\left(1 - \frac{-2h-t+x}{2h}\right)}{h}}{3h}\right]\chi_{[t_{j+2},t_{j+3})}(x)$$

$$- \frac{\left(1 - \frac{-3h-t+x}{h}\right)\left(1 - \frac{-2h-t+x}{2h}\right)}{h}\chi_{[t_{j+3},t_{j+4})}(x)$$

Maksimalpunktet x er lik t_{j+3} p. g. a. uniformiteten. $B_{j,4}$ evaluert i $x = t + 2h$ gir:

$$B_j(t + 2h) = \frac{2}{3}$$

Kollokasjonsmatrisen

$$B = \frac{1}{6} \begin{pmatrix} 4 & 1 & & & & & 1 \\ 1 & 4 & 1 & & & & \\ & 1 & 4 & 1 & & & \\ & & \ddots & \ddots & \ddots & & \\ & & & & 1 & 4 & 1 \\ 1 & & & & & 1 & 4 \end{pmatrix}$$

er diagonaldominant og altså invertibel. $\square$

I likhet med det kvadratiske tilfellet skal vi se på ikke-uniforme periodiske splines.

Kompleksiteten av teorem 2.11 tyder på at en tilsvarende strategi for å vise inverterbarhet av kollokasjonsmatrisen for kubiske splines vil være vanskelig.

På den annen side vet vi topologisk at i en omegn om den uniforme kollokasjonmatrisen fins det invertible matriser. Dette skyldes at matrisen er en kontinuerlig avbildning av skjøtfølgen dersom interpolasjonspunktene er gitt. La oss prøve å finne en konkret slik omegn.

Observasjon 2.3 *Ved å velge kollokasjonspunkter* $\{x_j\}$ *slik at*

$$\sup B^\circ_{j,4}(x) = B^\circ_{j,4}(x_j)$$

for en kubiske B-splines på skjøten

$$t = (0, s, \tfrac{1}{2}, 1 - s, 1) \tag{2.70}$$

er vi sikret at

$$B^\circ_{j,4}(x_j) \geq 0.5,$$

hvor likhet opptrer kun for doble skjøter på bærerens rand.

bevis:

Ved å evaluere B-splinen assosiert med

$$t = (0, s, \tfrac{1}{2}, 1 - s, 1)$$

i x, får vi

$$B^\circ_j(x) = \frac{-2\left(s^2 - 3sx + 3x^2 - 4x^3 + 4sx^3\right)}{(-1 + s)(-1 + 2s)^2}\chi_{[0,s)}(x)$$

$$+\frac{2\left(1 - s - s^2 - 6x + 9sx + 9x^2 - 12sx^2 - 4x^3 + 4sx^3\right)}{(-1 + s)(-1 + 2s)^2}\chi_{[s,1]}(x)$$

Ved å evaluere i $x = \tfrac{1}{2}$, får vi

$$B^\circ_j(\tfrac{1}{2}) = \frac{1}{2 - 2s}.$$

Denne funksjonen viser at maksimalverdien er ekte større enn $\tfrac{1}{2}$ for alle skjøter på formen (2.70) bortsett fra tilfellet med doble skjøter i randen til bæreren, dvs. for $s = 0$, hvor maksimalverdien er en halv. $\square$

Observasjon 2.3 gir oss forhåpninger om at vi kan befinne oss i samme situasjon som det kvadratiske hvor vi kun har en skjøt som genererer svakt diagonaldominante skjøter.

Neste observasjon tar imidlertid for seg en skjøtkonstellasjon som gir opphav til ikke-diagonaldominante skjøter.

Observasjon 2.4 *Ved å velge kollokasjonspunkter $\{x_j\}$ slik at*

$$\sup B^\circ_{j,4}(x) = B^\circ_{j,4}(x_j)$$

for kubiske B-splines på

$$t = (0,0,s,1,1) \tag{2.71}$$

er vi sikret at

$$B^\circ_{j,4}(x_j) \geq \frac{4}{9},$$

hvor likhet opptrer kun for triple skjøter på bærerens rand.

bevis:

Ved å evaluere B-splinen assosiert med

$$t = (0,0,s,1,1)$$

i x, får vi

$$B^\circ_j(x) = -\frac{x^2\left(-3s + x + 2sx\right)}{s^2}\chi_{[0,s)}(x)$$

$$-\frac{(-1+x)^2\left(s - 3x + 2sx\right)}{(-1+s)^2}\chi_{[s,1]}(x)$$

Uttrykket har et minimum i $[0,1]$ på formen

$$x^* = \begin{cases} 1 - \frac{1}{1+2s} & x^* \in [0,s) \\ \frac{1}{3-2s} & x^* \in [s,1] \end{cases}$$

Dette gir et minimum

$$B^\circ(x^*) = \begin{cases} \frac{-4(-1+s)}{(-3+2s)^2} & \text{for } s \in [0,\frac{1}{2}) \\ \frac{4s}{(1+2s)^2} & \text{for } s \in [\frac{1}{2},1]. \end{cases}$$

Denne funksjonen viser at maksimalverdien er ekte større enn $\frac{4}{9}$ for alle skjøter på formen (2.71) bortsett fra tilfellet med triple skjøter i randen til bæreren, dvs. for $s = 0$ eller $s = 1$, hvor maksimalverdien er $\frac{4}{9}$. $\square$

Korrolar 2.3 fortalte at mangel på diagonaldominans for kvadratiske splines opptrådte i singulære tilfeller. For kubiske splines er situasjonen en helt annen. vi kan velge et helt kontinum av skjøtkombinasjoner på bæreren til B-splinen slik at kollokasjonsmatrisen ikke er diagonaldominant (Observasjon 2.4). Vi kan spørre seg hvor ikke-diagonaldominant denne kollokasjonsmatrisen kan bli.

Vi kan nå gjøre noen betraktninger om hvor små diagonalelementene i matrisen kan bli, og hva slags skjøter som genererer disse ekstrema.

Teorem 2.14 *La $\mathcal{F}$ være funksjonen som gitt skjøtene i bæreren til en kontinuerlig B-spline $B_{j,k}^0$ av orden k beregner splinens maksimalverdi. Da har $\mathcal{F}$ et ko-domene $(\frac{1}{k}, 1]$.*

bevis:

At en B-spline er mindre eller lik 1 følger av partisjonen av enheten (1.8). En sum av positive tall som ikke overstiger 1 kan ikke inneholde en summand med verdi større enn 1.

Fra det innledende kapittelet husker vi at

$$\int_{t_j}^{t_{j+k}} B_j^0(x)dx = \frac{t_{j+k} - t_j}{k}.$$

Definer mengden

$$K = \{g \in C[0,1]: \quad g > 0 \text{ på } (0,1), \quad g(0) = g(1) = 0, \quad \int_0^1 g(x)dx = \frac{1}{k}\}.$$

For alle $\epsilon > 0$ fins det en funksjon i K som har sitt maksimum mindre enn $1/k + \epsilon$:

Følgen $\{g_n\}$ hvor

$$g_n(x) = \frac{nx}{k}\chi_{[0,1/n)}(x)$$
$$+ \left[\frac{1}{k}\left(\frac{x - 1/n}{1/2 - 1/n}\right) + \left(\frac{1}{k} + \frac{1}{n}\right)\left(\frac{1/2 - x}{1/2 - 1/n}\right)\right]\chi_{[1/n,1/2)}(x)$$

$$+ \left[\left(\frac{1}{k} + \frac{1}{n} \right) \left(x - \frac{1/2}{(n-1)/n - 1/2} \right) + \frac{1}{k} \left(\frac{(n-1)/n - x}{(n-1)/n - 1/2} \right) \right] \chi_{[1/2,(n-1)/n)}(x)$$

$$+ \frac{1}{k} \left(\frac{x-1}{(n-1)/n - 1} \right) \chi_{[(n-1)/n,1]}(x)$$

er inneholdt i K, og gitt $\epsilon > 0$ fins det en N slik at $\|g_n\|_\infty < 1/k + \epsilon$ for alle $n > N$. $\square$

Teoremet kan også leses slik:

Korrolar 2.5 *Diagonalelementene i kollokasjonsmatrisen til kubiske splines er alltid større enn $1/k$ og mindre enn 1 dersom man interpolerer i maksimalpunktene.*

Korrolaret er en generell observasjon uavhengig av hvordan vi måtte velge interpolasjonspunkter.

Hypotese 2.2 *La $\mathcal{F}$ være funksjonen som gitt skjøtene i bæreren til en kontinuerlig B-spline $B_{j,k}^o$ av orden k beregner splinens maksimalverdi. Da har $\mathcal{F}$ et minimum dersom skjøtene ligger i randen til bæreren for $B_{j,k}^o$, halvparten i hver ende.*

Vi observerte at dette var tilfelle i den kvadratiske situasjonen. For det kubiske har vi en rekke eksperimentelle indisier som peker i denne retningen.

Ad heuristisk vis kan vi tenke oss B-splinen som en elastisk stav satt i spenn mellom 0 og 1. Å finne inf $\|B_{j,k}^o\|_\infty$ svarer til å trykke ned toppen av splinen hvilket resulterer i at den buler ut på sidene. Dette svarer midlertid til at skjøtpunktene glir symmetrisk ut i endepunktene 0 og 1.

Dersom hypotese 2.2 holder ga observasjon 2.4 den minste maksimalverdi en B-spline kan anta. Vi registrerer at denne verdien ligger forholdsvis tett under $1/2$, dvs. $1/2 - 4/9 = 1/18$.

Ved eksperimentering går det an å bestemme toleransegrenser for plassering av skjøtene slik at $\|B_j^o\|_\infty > \frac{1}{2}$.

Teorem 2.15 *Ved å velge kollokasjonspunkter $\{x_j\}$ slik at*

$$\sup B_{j,4}^o(x) = B_{j,4}^o(x_j)$$

for kubiske B-splines på

$$t = (0, u, s, 1 - v, 1) \tag{2.72}$$

er vi sikret en skarp ulikhet

$$\sup_{s \in [u, 1-v]} B_{j,4}^\circ(x_j) > \frac{1}{2}$$

for alle $u, v \in [1/10, 1/2]$, $s \in [u, 1 - v]$.

bevis:

Vi starter med å studere spesialtilfellet $u = v = 1/10$.

Ved å evaluere B-splinen assosiert med t i x, får vi på intervallet $[1/10, 9/10]$

$$B^\circ(x) = \frac{5s - 150sx + 1500sx^2 - 400x^3 - 1000sx^3}{-36s + 360s^2} \chi_{[1/10, s)}(x)$$

$$+ \frac{45 + 355s - 1350x + 150sx + 2700x^2 - 1500sx^2 - 1400x^3 + 1000sx^3}{-324 + 684s - 360s^2} \chi_{[s, 9/10]}(x).$$

Uttrykket har et minimum $\frac{\partial B^\circ}{\partial x}(x^*) = 0$ i $[1/10, 9/10]$ på formen

$$x^* = \begin{cases} \dfrac{20 - \frac{40}{2+5s} + \sqrt{320 + \frac{1600}{(2+5s)^2} - \frac{1440}{2+5s}}}{40} & x^* \in [0, s) \\[3ex] \dfrac{20 - \sqrt{\left(-20 - \frac{40}{7-5s}\right)^2 - 80\left(1 + \frac{38}{7-5s}\right)} + \frac{40}{7-5s}}{40} & x^* \in [s, 1] \end{cases}$$

Dette gir et minimum

$$B^\circ(x^*) = \begin{cases} f_1(s) & \text{for } s \in [0, \frac{1}{2}) \\ f_2(s) & \text{for } s \in [\frac{1}{2}, 1]. \end{cases}, \tag{2.73}$$

hvor f_1, f_2 er to forholdsvise store algebraiske uttrykk. Figur 2.15 gir en grafisk beskrivelse av $B^\circ(x^*)$ hvor s varierer kontinuerlig fra $1/10$ til $9/10$.

Grafen i figur 2.15 er en lineær interpolant til den eksakte funksjonen (2.73) modulo avrundingsfeil. En numerisk beregning gir randverdier $B^\circ(x^*) = 0.502612$ for $s = 1/10$ og $s = 9/10$. Med MATHEMATICA-beregninger på en DEC 3100 i dobbel presisjon hvor avrundingsenheten er ca. 1.000000e-15 er avrundingsfeil neglisjerbare, og teoremets konklusjon holder for $u = v = 1/10$.

Det gjenstår nå å vise at påstanden holder for de resterende valg av u og v.

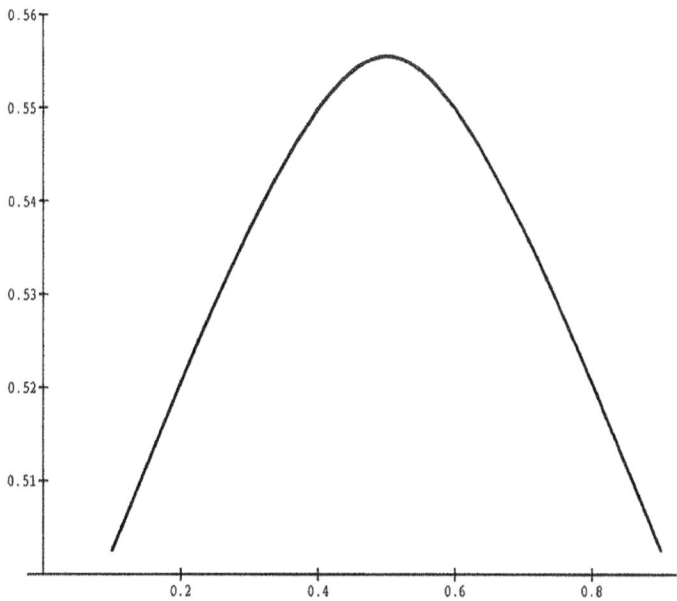

Figur 2.15: Maximumspunktets variasjon for $s \in [1/10, 9/10]$

Vi har tidligere observert at en B-spline $B_{j,k}$ er konveks i området $[t_j, t_{j+1}]$ og i området $[t_{j+k-1}, t_{j+k}]$. Vi har også observert at arealet av $B_{j,k}$ er $1/k$. Geometrisk ser vi da at ved å utvide de konvekse områdene $[0, u]$ og $[1 - v, 1]$ for den kubiske B-splinen ("kjevle ut splinen") kan ikke topp-punktet avta. $\square$

Hvis vi vet når B-splinene har maksimalpunkt større enn 0.5, vet vi også når kollokasjonsmatrisen er diagonaldominant.

Korrolar 2.6 *Dersom skjøtene* (t_i) *er distinkte og tilfredstiller*

$$\frac{t_{i+1} - t_i}{t_{j+k} - t_j} \geq \frac{1}{10} \tag{2.74}$$

for alle i og j, $k = 4$, så er kollokasjonsmatrisen for kubiske periodiske B-splines kollokert i maksimalpunktene diagonaldominant.$\square$

Kapittel 3

Skjøtinnsetting

Algoritmer for skjøtinnsetting og skjøtfjerning er sentrale i computer assistert geometrisk design (CAGD). Når man setter inn nye skjøter i en spline-representert kurve så vil man også øke antallet frihetsgrader som brukes til å manipulere kurven. Dette resulterer i en kurve hvor flere detaljer er representert. Som eksempel på en lukket kurve kan man tenke seg konturen av en fiolin. Enkelte deler av kroppen krummer mer og har større forandringer i krumningen enn andre deler. Følgelig kan det være gunstig med en dynamisk innsetning av skjøter.

Skjøtinnsetting kalles også skjøtforfining eller skjøtoppdeling. I en seksjon nedenfor har jeg implementert en variant av Oslo-algoritmen, en skjøtinnsettings-algoritme utviklet ved universitet i Oslo på begynnelsen av 80-tallet. Algoritmen transformerer en spline på en skjøtvektor τ til en spline på en skjøtvektor t, hvor $\tau \subset t$. Oslo-algoritmen deler opp stykkevise polynomer til flere stykkevise polynomer.

I dette kapittelet skal vi se på

- Skjøtinnsetting betraktet som et konverteringsproblem
- Skjøtinnsettings-matrisen
- Kontroll-polygoner

La oss først se på en abstrakt formulering av skjøtinnsetting gitt som et konverteringsproblem.

108

3.1   Konverteringsproblemet

Konverteringsproblemet for periodiske splines kan formuleres som følger. Anta p er et periodisk stykkevis polynom som er inneholdt i to gitte spline-rom med orden henholdsvis k og l

$$p \in S^o_{k,\tau} \cap S^o_{l,t}. \tag{3.1}$$

På en periode av spline-domenet indekseres skjøtene τ og t

$$\tau = (\tau_j)^n_{j=1} \quad og \quad t = (t_i)^m_{i=1},$$

og assosieres med periodiske skjøtvektorer over $\mathbb{R}$.

Enhver p kan skrives entydig på to måter, enten som en lineær kombinasjon av elementene i $S^o_{k,\tau}$, eller som en kombinasjon av elementene i $S^o_{k,t}$,

$$p = \sum_{j=1}^n c_j B^o_{j,k,\tau} = \sum_{i=1}^m d_i B^o_{i,l,t}. \tag{3.2}$$

For å studere lineær-homomorfier fra $S^o_{k,\tau}$ til $S^o_{l,t}$, kan vi observere at rommene er homeomorfe med euklidske rom via følgende avbildning:

$$\begin{aligned} \Phi \; &: \; \mathbb{R}^n \to S^o_{k,\tau} \\ \Phi(c) \; &= \; \sum_{j=1}^n c_j B^o_{j,k}(x) \end{aligned} \tag{3.3}$$

Da en spline er entydig bestemt ved sine koeffesienter, og siden koeffesientene er reelle tall, kan spline-funksjonene identifiseres med punkter i $\mathbb{R}^n$.

Ved å identifisere rommene på denne måten, reduseres studiet av

$$\mathbf{T} : S^o_{k,\tau} \to S^n_{l,t} \tag{3.4}$$

til å studere lineærtransformasjonen

$$\mathbf{A} : \mathbb{R}^n \to \mathbb{R}^m, \tag{3.5}$$

som kalles den periodiske B-spline transformasjonsmatrisen. Identifikasjonen illustreres i diagram (3.6).

$$
\begin{array}{ccc}
& \mathbf{T} & \\
S^{o}_{k,\tau} & \longrightarrow & S^{o}_{k,t} \\
\Phi^{-1} \downarrow & & \uparrow \Phi \\
\mathbb{R}^{n} & \longrightarrow & \mathbb{R}^{m} \\
& \mathbf{A} &
\end{array}
\qquad (3.6)
$$

Konvertering er altså et generelt problem. Man skiller mellom tre konverteringsproblemer:

- Skjøtinnsetning. Dette er tilfellet når τ er ekte inneholdt i t.

- Skjøtfjerning dersom t er ekte inneholdt i τ.

- Generell konvertering dersom ingen av de ovenstående gjelder.

Vi skal i det i dette kapittelet si noe om skjøtinnsettings-problemet for periodiske splines.

3.2 Skjøtinnsettings-matrisen

I denne seksjonen ønsker vi å studere transformasjonsmatrisen (3.5), når $\tau \subseteq t$. Det viser seg at den har flere likhetstrekk med kollokasjonsmatrisen for periodiske splines. Noen slike trekk er

1. A er en cyklisk "kvasi-båndmatrise".

2. A er ikke-negativ med søylesum større enn en.

3. A har full rang.

La oss starte med å konstruere matrisen.

Anta for positive heltall $k < n < m$ at $\tau=(\tau_j)_{j=1}^n$ og $t=(t_i)_{i=1}^m$ er ikke-avtagende følger assosiert med periodiske skjøtfølger, $\tau \subset t$.

Lemma 3.1 *For to splinerom av samme orden over skjøtfølgene τ og t hvor $\tau \subseteq t$ vil det minste rommet være inneholdt i det største,*

$$S_{k,\tau}^{\circ} \subset S_{k,t}^{\circ}.$$

bevis:

For ikke-periodiske splines er det kjent (Lyche [29]) at en B-spline kan uttrykkes ved dividerte differanser om skjøtene i B-splinens bærer.

$$B_{j,k}^{\circ}(x) = (\tau_{j+k} - \tau_j)[\tau_j, \tau_{j+1}, \ldots, \tau_{j+k}](\cdot - x)_{+}^{k-1}, \tag{3.7}$$

hvor

$$[\tau_j, \tau_{j+1}, \ldots, \tau_{j+k}]f$$

betegner høyestegrads-koeffesienten a_{k-1} til Hermite-interpolanten for f som interpolerer i $A = \{\tau_j, \tau_{j+1}, \ldots, \tau_{j+k}\}$. Den trunkerte potensen i (3.7) defineres

$$(y - x)_{+}^{k-1} = \begin{cases} (y - x)^{k-1} & \text{for } y > x \\ 0 & \text{ellers,} \end{cases}$$

og vi antar følgende formel kjent:

$$(x_k - x_0)[x_0, \ldots, x_k]f = (y - x_0)[x_0, \ldots, x_{k-1}, y]f + (x_k - y)[x_1, \ldots, x_k, y]f \tag{3.8}$$

La $\{x_i\}$ betegne de gamle skjøtene og la y være en ny skjøt i bæreren til B-splinen definert over $\{x_i\}$. Ved formelen er en B-spline over de gamle skjøtene en sum av to B-splines i rommet av splines over de nye skjøtene $\{x_i\} \cup \{y\}$.

Ved induktivt å sette inn skjøtene en for en har vi at enhver B-spline i $S_{k,\tau}$ er en lineærkombinasjon av B-splines i $S_{k,t}$.

Da beviset er lokalt, dvs. kun benytter seg av skjøter i bæreren for B-splinene vil det også gjelde for periodiske B-splines. □

Da $S_{k,\tau}^{\circ} \subset S_{k,t}^{\circ}$, er B-splinene på $S_{k,\tau}^{\circ}$ lineærkombinasjoner av B-splinene på $S_{k,t}^{\circ}$, med andre ord:

$$B_{j,\tau}^{\circ}(x) = \sum_{i=1}^{m} a_{i,j} B_{i,t}^{\circ}(x), \tag{3.9}$$

eller beskrevet ved matriser:

$$
\begin{pmatrix} B^{\circ}_{1,\tau}(x) \\ B^{\circ}_{2,\tau}(x) \\ \vdots \\ B^{\circ}_{n,\tau}(x) \end{pmatrix} = \begin{pmatrix} a_{1,1} & a_{2,1} & \cdots & a_{m,1} \\ a_{1,2} & a_{2,2} & \cdots & a_{m,2} \\ \vdots & \vdots & \ddots & \vdots \\ a_{1,n} & a_{2,n} & \cdots & a_{m,n} \end{pmatrix} \begin{pmatrix} B^{\circ}_{1,t}(x) \\ B^{\circ}_{2,t}(x) \\ \vdots \\ B^{\circ}_{m,t}(x) \end{pmatrix} \tag{3.10}
$$

Vi skal vise nedenfor at koeffesientmatrisen $\mathbf{A}^T = (a_{j,i})$ har en glissen cyklisk form slik figur 3.1 viser.

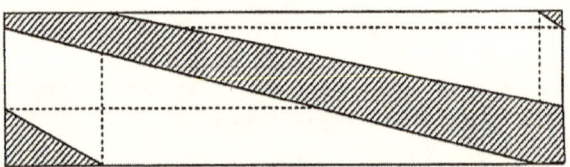

Figur 3.1: Koeffesientmatrise for konvertering av periodiske splines.

Definisjon 3.1 *Med* **kvasi-diagonalen** *til en $m \times n$-matrise* $\mathbf{A}$ *menes elementene i $\mathbf{A}$ hvis indekser (i,j) ligger nærmest linjen*

$$(1,1)\lambda + (1-\lambda)(m+1,n+1), \quad \lambda \in [0,1]$$

i l_2-forstand for $i = 1,2,\ldots,m$. Dersom to matrise-elementer er like nærme velger man elementet med minst horisontal-indeks j.□

Eksempel 3.1 *Vi ser på noen kvasidiagonaler.*

La oss først se på $n \times n$-matriser. For $n \times n$-matrisene er

$$kvasi\text{-}diag(\mathbf{A}) = diag(\mathbf{A}).$$

For søyle-vektorer er

$$kvasi\text{-}diag(\mathbf{v}) = \mathbf{v}.$$

Til slutt observerer vi sammenhengen mellom følgende matrise og dens kvasidiagonal,

$$
\mathbf{A} = \begin{pmatrix} \frac{1}{2} & 0 & \frac{1}{2} \\ 1 & 0 & 0 \\ \frac{1}{2} & \frac{1}{2} & 0 \\ 0 & 1 & 0 \\ 0 & \frac{1}{2} & \frac{1}{2} \\ 0 & 0 & 1 \end{pmatrix}, \quad kvasi\text{-}diag(\mathbf{A}) = \begin{pmatrix} \frac{1}{2} \\ 1 \\ \frac{1}{2} \\ 1 \\ \frac{1}{2} \\ 1 \end{pmatrix}.
$$

□

Definisjon 3.2 *Med en* **kvasi-båndmatrise A** *med høyre båndbredde* ρ *og venstre båndbredde* λ *menes en matrise* **A** *slik at:*

Hvis $a_{d,e}$ *er et element på kvasi-diagonalen til* **A** *så er*

$$a_{d,e+j} = 0 \text{ for } j = \rho, \rho+1, \ldots, n - \lambda \quad (\text{mod } n). \tag{3.11}$$

$\square$

Teorem 3.1 *Matrisen* $\mathbf{A}^T$ *tilfredstiller*

1. *Hver rad* $\mathbf{a}_j$ *i* $\mathbf{A}^T$ *vil inneholde* l_j *positive elementer, hvor* l_j *er antall skjøter* $t_i \in [\tau_j, \tau_{j+k}]$ *minus* k.

2. *Hver kolonne i* $\mathbf{A}^T$ *vil inneholde høyst* k *elementer ulik 0.*

3. *Matrisen* **A** *er en kvasi-båndmatrise med høyre båndbredde* ρ *og venstre båndbredde* λ*, hvor*

$$\lambda = \sup \lambda_j$$
$$\lambda_j = i_j - d_j + l_j \text{ der } t_{i_j} = \tau_j$$
$$\rho_i = j_i - e_i + k \text{ der } j_i = \inf_{supp(B_{i,t}^\circ) \subseteq supp(B_{j,\tau}^\circ)} \{j \in \{1, 2, \ldots, n\}\}$$

og (a_{d_j,e_j}) *er* j*'te element i kvasi-diagonalen til* **A** *for* $j = 1, 2, \ldots, m.$

bevis:

påstand 1:

Ved (3.9) ser vi at

$$0 = \sum_{i=1}^m a_{i,j} B_{i,t}^\circ(x)$$

for alle $x \notin supp(B_{j,\tau}^\circ)$ på grunn av den lokale bæreren til $B_{j,\tau}^\circ(x)$.

Da periodiske B-splines er lineært uavhengige (seksjon 1.1.1), observerer vi at $a_{i,j}$ ulik null kun for de $i \in I$ assosiert med $B_{i,t}^\circ$ slik at

$$supp(B_{i,t}^\circ) \subseteq supp(B_{j,\tau}^\circ). \tag{3.12}$$

La $\{t_\mu, t_{\mu+1}, \ldots, t_{\mu+\nu}\}$ være mengden av t_i slik at $t_i \in [\tau_j, \tau_{j+k}]$. Inklusjonen (3.12) holder da for $i = \mu, \mu + 1, \ldots, \mu + \nu - k$. Dette beviser den første påstanden.

påstand 2:

Definer $\sigma(B_j^\circ) = supp(B_{j,k,\boldsymbol{\tau}}^\circ) \setminus \{\tau_{j+k}\}$. Da gjelder

$$t_i \notin \sigma(B_j^\circ) \Rightarrow a_{i,j} = 0 \tag{3.13}$$

Anta nå $n > k$. Dersom μ er et heltall slik at

$$\tau_\mu \leq t_i < \tau_{\mu+1},$$

så impliserer (3.13) at

$$a_{i,j} = 0 \quad \text{for} \quad j = \mu + 1, \mu + 2, \ldots, \mu + n - k \pmod{n} \tag{3.14}$$

Altså for en fiksert i er det høyst k distinkte B-splines ulik null. Herav er påstand 2 bevist.

påstand 3:

Likningen (3.11) følger umiddelbart fra definisjon 3.1 og definisjonene av λ_j og ρ_i. $\square$

Eksempel 3.2 *La oss se på skjøtinnsetting for lineære splines, dvs.* $k = 2$. *Betrakt skjøtene*

$$\boldsymbol{\tau} = \begin{pmatrix} 0 \\ 1 \\ 2 \\ 3 \\ 4 \\ 5 \end{pmatrix}, \boldsymbol{t} = \begin{pmatrix} 0 \\ 1/2 \\ 1 \\ 3/2 \\ 2 \\ 5/2 \\ 3 \\ 7/2 \\ 4 \\ 9/2 \\ 5 \end{pmatrix}$$

Dersom vi har med lineære splines å gjøre og B-splinene nummereres ved at $B_{j,s}^\circ$ *har* s_j *som venstre randverdi i bæreren, er det opplagt at*

$$B_{1,\tau}^\circ = \tfrac{1}{2} B_{1,t}^\circ + B_{2,t}^\circ + \tfrac{1}{2} B_{3,t}^\circ$$

$$B^\circ_{2,\tau} = \tfrac{1}{2}B^\circ_{3,t} + B^\circ_{4,t} + \tfrac{1}{2}B^\circ_{5,t}$$
$$B^\circ_{3,\tau} = \tfrac{1}{2}B^\circ_{5,t} + B^\circ_{6,t} + \tfrac{1}{2}B^\circ_{7,t}$$
$$B^\circ_{4,\tau} = \tfrac{1}{2}B^\circ_{7,t} + B^\circ_{8,t} + \tfrac{1}{2}B^\circ_{9,t}$$
$$B^\circ_{5,\tau} = \tfrac{1}{2}B^\circ_{9,t} + B^\circ_{10,t} + \tfrac{1}{2}B^\circ_{1,t},$$

siden $B^\circ_{i,t}$ er lineært uavhengige og

$$B^\circ_{j,\tau}(x) = \begin{cases} 1/2 & for\ x = \frac{\tau_j + \tau_{j+1}}{2} \\ 1 & for\ x = \tau_{j+1} \\ 1/2 & for\ x = \frac{\tau_{j+1} + \tau_{j+2}}{2} \end{cases}$$

Dette gir opphav til matrisen

$$\mathbf{A}^T = \begin{pmatrix} 1/2 & 1 & 1/2 & & & \\ & & 1/2 & 1 & 1/2 & \\ & & & & 1/2 & 1 & 1/2 \\ & & & & & & 1/2 & 1 & 1/2 \\ 1/2 & & & & & & & 1/2 & 1 \end{pmatrix}.$$

Ved å nummerere B-splinene ved at $B^\circ_{j,s}$ har s_j som maksimumspunkt får vi matrisen

$$\mathbf{A}^T = \begin{pmatrix} 1 & 1/2 & & & & & 1/2 \\ 1/2 & 1 & 1/2 & & & & \\ & 1/2 & 1 & 1/2 & & & \\ & & & 1/2 & 1 & 1/2 & \\ & & & & 1/2 & 1 & 1/2 \end{pmatrix}.$$

□

I eksempelet ovenfor registrert vi at hver kolonne i $\mathbf{A}^T$ har høyst $k = 2$ elementer ulik null og hver rad har $l = 3$ elementer ulik null. Båndbreddene fra teorem 3.1 gir $\lambda = 3$ og $\rho = 2$. De to initieringene av $\mathbf{A}$ gir eksempel på full utnyttelse av henholdsvis venstre båndbredde λ og høyre båndbredde ρ.

Anta igjen p er gitt som i (3.1) og har koeffesienter c_j i $S^\circ_{k,\tau}$, d_i i $S^\circ_{k,t}$. La oss vise at matrisen $\mathbf{A}$ virkelig er transformasjonsmatrisen (3.5).

Teorem 3.2 La p være gitt som i (3.1) med koeffesienter c_j i $S^\circ_{k,\tau}$, d_i i $S^\circ_{k,t}$. Da gjelder

$$d_i = \sum_{j \in M_{\mu-k,k}} a_{i,j} c_j \quad hvor \quad \tau_\mu \le t_i < \tau_{\mu+1} \qquad (3.15)$$

og

$$M_{i,j} = \{i+1, i+2, \ldots, i+j \pmod n\} \qquad (3.16)$$

bevis :

Splinen $p(x)$ kan skrives

$$p(x) = \sum_{j=1}^{n} c_j B_{j,\tau}^{o}.$$

Ved (3.9) er

$$\sum_{j=1}^{n} c_j B_{j,\tau}^{o} = \sum_{j=1}^{n} c_j \left(\sum_{i=1}^{m} a_{i,j} B_{i,t}^{o} \right)$$

$$= \sum_{i=1}^{m} \left(\sum_{j=1}^{n} a_{i,j} c_j \right) B_{i,t}^{o}$$

slik at

$$\sum_{i=1}^{m} a_{i,j} c_j = d_i$$

og påstanden er bevist. $\square$

3.2.1   Diskrete B-splines

Grunnen til at matrisen **A** har en struktur som minner om kollokasjonsmatrisen for periodiske splines ligger i at koeffesientene har egenskaper som minner sterkt om periodiske B-splines.

Definisjon 3.3 *Koeffesienten*

$$\alpha_j^{o}(i) = a_{i,j} \tag{3.17}$$

kalles en **periodisk diskret B-spline** *av orden k på t med skjøter τ, og kan betraktes som en avbildning av heltallene $\mathbf{Z}$ på de reelle tall $\mathbf{R}$, hvor $\alpha_j^{o}(i)$ er entydig bestemt ved perioden $I = \{1, 2, \cdots, m\}$.*

$\square$

Det er kjent (Lyche[32]) at diskrete B-splines kan manifesteres gjennom følgende diskrete analog til ordinære B-splines.

$$\left.\begin{array}{rcl} \alpha_{j,1}(i) & = & \chi_{[\tau_j, \tau_{j+1})}(t_i) \\ \alpha_{j,k}(i) & = & \omega_{j,k}(t_{i+k-1})\alpha_{j,k-1}(i) + (1 - \omega_{j+1,k}(t_{i+k-1}))\alpha_{j+1,k-1}(i) \\ \omega_{j,k}(x) & = & \left\{ \begin{array}{ll} (x - \tau_j)/(\tau_{j+k-1} - \tau_j) & \text{hvis } \tau_j < \tau_{j+k-1} \\ 0 & \text{ellers} \end{array} \right. \end{array}\right\} \tag{3.18}$$

Periodiske diskrete B-splines forholder seg til (3.18) på samme måte som periodiske splines forholder seg til (1.1).

La oss se hvordan standard-egenskaper for periodiske B-splines lar seg overføre til periodiske diskrete B-splines.

- Positivitet:

$$\alpha_{j,k}^{\circ}(i) \geq 0 \quad \text{for alle} \quad i \in \{1, 2 \ldots, m\} \tag{3.19}$$

- Lokal bærer:

$$\alpha_{j,k}^{\circ}(i) = 0 \quad \text{for alle} \quad i \notin \{i \in \mathbb{Z} : \text{supp}(B_{i,t}^{\circ}) \subseteq \text{supp}(B_{j,\tau}^{\circ})\} \tag{3.20}$$

- Partisjon av enheten:

$$\sum_{j=1}^{n} \alpha_{j}^{\circ}(i) = 1 \quad \text{for alle} \quad i \in \{1, 2 \ldots, m\} \tag{3.21}$$

Påstandene kan bevises induktivt fra (3.18), analogt med periodiske B-splines dvs. på samme måte som ikke-periodiske diskrete B-splines (Dæhlen [9]).

En presis definisjon av hva som menes med bærer og partisjon av enhet på bærer ble gitt i seksjon 1.1.1. For å gi definisjonene mening kan vi utstyre $\mathbb{Z}$ med diskret topologi.

Ved å kombinere **Marsdens identitet** (1.11) med (3.15), oppnår vi en diskret Marsden-identitet.

$$\psi_{i,k,t}^{\circ}(y) = \sum_{j \in M_{\mu-k,k}} \alpha_{j,k}^{\circ}(i) \psi_{j,k,\tau}^{\circ}(y) \quad \text{hvor} \quad \psi_{j,k,s}^{\circ}(x) = \prod_{i=1}^{k-1} (s_{(j+i) \bmod n} - x) \tag{3.22}$$

gyldig for alle y og alle t_i i intervallet $[\tau_\mu, \tau_{\mu+1})$ når $M_{\mu-k,k}$ er definert ved (3.16). Siden de lokale egenskaper for periodiske splines er identiske med ordinære splines kan (3.22) bevises på samme måte som i det ordinære tilfellet (Lyche[32]).

Fra rekursjonsformelen (3.18) så man at diskrete B-splines var ikke-negative. For å beregne matrisen $\mathbf{A}$ effektivt er det ønskelig å vite hvilke $\alpha_{j,k}^{\circ}(i)$ som er ekte positive. Fra rekursjons-formelen (3.18) sees det at $\alpha_{j,k}^{\circ}(i)$ avhenger av $t_{i+1}, \cdots, t_{i+k-1}$. Generelt, hvis $t_{i+1}, \cdots, t_{i+k-1}$ og τ har felles elementer, så kan kompleksiteten av $\alpha_{j,k}^{\circ}(i)$ reduseres.

Teorem 3.3 er analogt med det ikke-periodiske tilfellet (Lyche[32]). Forskjellen består i at vi benytter den periodiske diskrete Marsden-identiteten (3.22) i stedet for den ordinære diskrete Marsden-identitet og tar hensyn til de komplikasjoner det fører med seg. Man må restriktere teoremet til å gjelde for skjøtfølger med minst $k + 2$ distinkte skjøter på perioden.

Teorem 3.3 *La* τ *og* t *være uendelige periodiske skjøtfølger med minst* $k + 2$ *distinkte skjøter på perioden. Anta* $\tau \subseteq t$ *og en av* $t_{i+1}, \cdots, t_{i+k-1}$ *forekommer i både* τ *og* t. *Da gjelder det for alle heltall* j

$$\alpha^\circ_{j,k,\tau,t}(i) = \alpha^\circ_{j,k-1,\tau',t'}(i) \tag{3.23}$$

hvor τ', t' *betegner de lineært ordnede følger oppnådd fra* τ *og* t *ved å fjerne elementet som er felles.*

bevis:

Beviset består av to deler hvor den sentrale ideen i begge delene er å relatere de diskrete B-splinene med Marsdens identitet og deretter benytte lineær uavhengighet for Marsden-polynomer.

Anta $\tau_\mu \leq t_i < \tau_{\mu+1}$ og at t_{i+s} forekommer i τ for en $1 \leq s \leq k-1$, slik at man ønsker å fjerne t_{i+s} og den korresponderende τ_j. Det er to tilfeller

tilfelle 1:

Anta $t_{i+s} = \tau_\mu$. Siden $t_i \geq \tau_\mu$ har vi også $t_i = \cdots = t_{i+s} = \tau_\mu$. Det følger så at $\tau_{\mu-1} = \tau'_{\mu-1} \leq t'_i = t_i < \tau'_\mu = \tau_{\mu+1}$. Betrakt Marsden-identiteten (3.22) over skjøtene τ' og t' med orden $k - 1$,

$$\psi^\circ_{i,k-1,t'}(y) = \sum_{j \in M_{(\mu-1)-(k-1),k-1}} \psi^\circ_{j,k-1,\tau'}(y)\alpha^\circ_{j,k-1,\tau',t'}(i). \tag{3.24}$$

Ved å multiplisere på begge sider med $(t_{i+s} - y)$ oppnår man

$$\psi^\circ_{i,k,t}(y) = \sum_{j \in M_{(\mu-1)-(k-1),k-1}=M_{\mu-k,k-1}} \psi^\circ_{j,k,\tau}(y)\alpha^\circ_{j,k-1,\tau',t'}(i). \tag{3.25}$$

Ved nå å sammenlikne (3.22) og (3.25), følger

$$\sum_{j \in M_{\mu-k,k-1}} \psi^\circ_{j,k,\tau}(y)\alpha^\circ_{j,k-1,\tau',t'}(i) = \sum_{j \in M_{\mu-k,k-1}} \psi^\circ_{j,k,\tau}(y)\alpha^\circ_{j,k,\tau,t}(i).$$

Vektoren τ' har minst $k+1$ distinkte skjøter på perioden, så $\{\psi^o_{j,k,\tau}(y)\}_{j\in M_{\mu-k,k}}$ er lineært uavhengige (teorem 1.2). Da må koeffesientene $\alpha^o_{j,k-1,\tau',t'}(i)$ og $\alpha^o_{j,k,\tau,t}(i)$ være like og (3.23) gjelder for $j \in M_{\mu-k,k-1}$. Ved å sette $y = \tau_\mu$ i (3.22) får vi $\alpha^o_{\mu,k}(i) = \psi^o_{i,k,t}(\tau_\mu)/\psi^o_{\mu,k,t\tau}(\tau_\mu) = 0$. For andre verdier av j, ser vi fra (3.20), illustrert ved skjøtprodukt-diagrammet (3.26) at begge sider av (3.23) er null.

τ_1	τ_2	$\cdots$	$\tau_{\mu-k}$	$\tau_{\mu-k+1}$	$\tau_{\mu-k+2}$	$\cdots$	$\tau_{\mu-1}$	τ_μ	$\tau_{\mu+1}$	$\cdots$	τ_n	
												t_1
												t_2
												$\vdots$
												t_{i-1}
0	0	$\cdots$	0	x	x	$\cdots$	x	0	0	$\cdots$	0	$t_i = \tau_\mu$
0	0	$\cdots$	0	x	x	$\cdots$	x	0	0	$\cdots$	0	$t_{i+1} = \tau_\mu$
$\vdots$	$\vdots$	$\ddots$	$\vdots$	$\vdots$	$\vdots$	$\ddots$	$\vdots$	$\vdots$	$\vdots$	$\ddots$	$\vdots$	$\vdots$
0	0	$\cdots$	0	x	x	$\cdots$	x	0	0	$\cdots$	0	$t_{i+s-1} = \tau_\mu$
0	0	$\cdots$	0	x	x	$\cdots$	x	0	0	$\cdots$	0	$t_{i+s} = \tau_\mu$
												$\vdots$
												t_{i+k-1}
												t_{i+k}
												$\vdots$
												t_m

$$(3.26)$$

Diagrammet gir oversikt over aktuelle skjøter med x'er som illustrerer enkelte $\alpha^o_{j,k,\tau,i}(i) \neq 0$.

tilfelle 2:

Anta $t_{i+s} = \tau_{\mu+q} > \tau_{\mu+q-1}$ for en $q \geq 1$. Siden $t_{i+s} - y = \tau_{\mu+q} - y$ ikke er en faktor i $\psi^o_{j,k,\tau}(y)$ for $j \in M_{\mu-k,q}$ kan vi ikke som i tilfelle 1 bare fjerne en felles faktor fra t og τ. Vi blir nødt til å betrakte delfølger hvor flere termer er fjernet. Vi kan starte med å observere at siden $\tau \subseteq t$ og $t_{i+1} \leq \tau_{\mu+1}$, må vi også ha at $\tau_{\mu+1}, \cdots, \tau_{\mu+q-1}$ må forekomme i $t_{i+1}, \cdots, t_{i+k-1}$. La nå $\hat{\tau}, \hat{t}$ være ikke-avtagende følger oppnådd fra τ, t ved å fjerne $\tau_{\mu+1}, \cdots, \tau_{\mu+q}$. Fra Marsden (3.22) får vi

$$\psi^o_{i,k-q,\hat{t}}(y) = \sum_{j\in M_{\mu-k+q,k-q}} \psi^o_{j,k-q,\hat{\tau}}(y)\beta_j, \quad hvor \quad \beta_j = \alpha^o_{j,k-q,\hat{\tau},\hat{t}}(i). \tag{3.27}$$

Ved å multiplisere på begge sider av (3.27) med $(\tau_{\mu+1} - y) \cdots (\tau_{\mu+q-1} - y)$ oppnår vi

$$\psi^\circ_{i,k-1,t'} = \sum_{j \in M_{\mu-k+q,k-q}} \psi^\circ_{j,k-1,\tau'} \beta_j.$$

Ved (3.22) er $\beta_j = \alpha^\circ_{j,k-1,\tau',t'}(i)$ for $j \in M_{\mu-k+q,k-q}$. Tilsvarende, ved å multiplisere begge sider av (3.27) med $(\tau_{\mu+1} - y) \cdots (\tau_{\mu+q} - y)$ finner vi

$$\psi^\circ_{i,k,t} = \sum_{j \in M_{\mu-k+q,k-q}} \psi^\circ_{j,k,\tau} \beta_j.$$

Altså er β_j også lik $\alpha^\circ_{j,k,\tau,t}(i)$ og (3.23) følger for $j \in M_{\mu-k,q}$ dersom premissene holder. For andre verdier av j vil begge sider av likningen (3.23) bli null, sml. tilfelle 1.

□

Korrolar 3.1 *La τ være en skjøtfølge med minst $k+2$ distinkte skjøter på perioden. For alle heltall i, j gjelder det at*

$$\alpha^\circ_{j,k,\tau,t}(i) = \alpha^\circ_{j,\nu+1,\tau',t'}(i)$$

hvor ν betegner antall elementer i $t_{i+1}, \ldots, t_{i+k-1}$ som er blitt satt inn i τ. Videre, hvis $\tau'_{\mu'} \leq t_i < \tau'_{\mu'+1}$ så gjelder $\tau'_{\mu'} < t'_{i+1} \leq \cdots \leq t'_{i+\nu} < \tau'_{\mu'+1}$, slik at

$$\alpha^\circ_{j,k,\tau,t}(i) > 0 \quad for \quad j = \mu' - \nu, \cdots, \mu',$$

og ellers null.

bevis:

Ved å iterere over (3.23) kan vi bestemme eksakt hvilke dikrete B-splines som er positive. For å gjøre dette presist kan vi introdusere en følge $u = (u_i)_{i \in I}$ over en indeksmengde I, og et polynom ψ°_u med nullpunkter i u_i

$$\psi^\circ_u(y) = \prod_{i \in I} (u_{i \bmod n} - y).$$

Anta for en fiksert i at polynomene $\psi^\circ_{i,k,t}$ og ψ°_τ har $k-1-\nu$ felles faktorer. Vi kan betegne disse $\omega_1 - y, \ldots, \omega_{k-1-\nu} - y$. Polynomet

$$\psi^\circ_\omega(y) = \prod_{j=1}^{k-1-\nu} (\omega_{j \bmod n} - y).$$

dividerer både ψ°_t og ψ°_τ. La τ' og t' være ikke-avtagende følger korresponderende til polynomene $\psi^\circ_\tau / \psi^\circ_\omega$ og $\psi^\circ_t / \psi^\circ_\omega$. Vi har da bevist korollaret. □

3.2.2 Oppsummerende om skjøtinnsettings-matrisen

Standardegenskapene (3.19),(3.20) og (3.21) for diskrete B-splines gir egenskaper til skjøt-innsettingsmatrisen A.

1. A er en kvasi-båndmatrise med hjørneelementer.

$$a_{d,j} = 0 \text{ for } j = e + \kappa, e + \kappa + 1, \ldots, e + n - \lambda \pmod{n}.$$

(Sammenlikn. teorem 3.1).

2. $a_{i,j} \geq 0$. Rad i inneholder nøyaktig $\nu+1$ positive elementer, hvor ν er antall elementer i $t_{i+1}, \cdots, t_{i+k-1}$ som er blitt satt inn i τ. (sammenlikn korollar 3.1)

3. A er stokastisk, dvs. $\sum_{j=1}^{n} a_{i,j} = 1$.

4. Søylesummene i A er større enn 1.

5. A har full rang.

Den tredje påstanden er en umiddelbare konsekvens av (3.21). Man kan bemerke at skjøtinnsettingsmatrisen for ikke-periodiske splines vanligvis ikke er stokastisk da man heller ikke har egenskapen (3.21).

Teorem 3.4 *La A være skjøtinnsettingsmatrisen. Da gjelder*

$$\sum_{i=1}^{m} a_{i,j} \geq 1 \tag{3.28}$$

for alle j.

bevis :

Ved å se bort fra hjørne-elementene i A har vi en skjøtinnsettingsmatrise for ikke-periodiske diskrete B-splines $A^* = (\alpha_j(i))$. Fra teorien om diskrete B-splines (Lyche [32]) vet vi at (3.28) holder for A^*. Da $a_{i,j} \geq 0$, holder (3.28) for A. $\square$

Teorem 3.5 *Skjøtinnsettingsmatrisen A har full rang.*

bevis:

Definer $V = S_{k,\tau}^o \cap S_{k,t}^o$. Da B-splines er lineært uavheninge har V en basis $\{B_{j,k,\tau}^o\}$ og en basis av elementer fra $\{B_{i,k,t}^o\}$. La $p \in V$. Ved teorem 3.2 setter matrisen A de respektive basisene i en-entydig korrespondanse, og følgelig har A full rang. □

3.2.3 Algoritme for skjøtinnsetting

For å beregne koeffesienter korresponderende til en skjøtforfining konstruerer jeg en algoritme hvor jeg benytter skjøtinnsettings-matrisen A og egenskapene fra seksjon 3.2.2.

Cohen, Lyche og Riesenfeld presenterer i [5] en algoritme for skjøtinnsetting som de kaller Oslo-algoritmen. Algoritmen består av to deler

1. Beregning av de diskrete B-splines $\alpha_{j,k}(i)$ basert på rekursjonsformelen (3.18).

2. Beregning av de nye koeffesientene c_i fra (3.15) i teorem 3.2.

Denne metoden lar seg lett adaptere til periodiske problemer. La oss se på en enkel variant som løser såvel periodiske som ikke-periodiske skjøtinnsettinger.

Ved algoritme 1 i [5] beregnes matrisen

$$
\begin{pmatrix}
 & & & \alpha_{\mu,1}(i) \\
 & & \alpha_{\mu-1,2}(i) & \alpha_{\mu,2}(i) \\
 & & \vdots & \vdots \\
\alpha_{\mu-k+1,k}(i) & \cdots & \alpha_{\mu-1,k}(i) & \alpha_{\mu,k}(i)
\end{pmatrix}
$$

for $i = 1, 2, \ldots, m$. Jeg velger å lagre den nederste raden i matrisen i skjøtinnsettingsmatrisen A's i'te rad i elementene $a_{i,\mu-k+1}, \ldots, a_{i,\mu}$ (mod m) for alle i. Rent implementasjonsmessig er det unødvedning å allokere plass for hele $A \in \mathbb{R}^{m \times n}$. Vi kan nøye oss med båndstrukturen i en lagringsmatrise $B \in \mathbb{R}^{m \times (\lambda+1+\rho)}$.

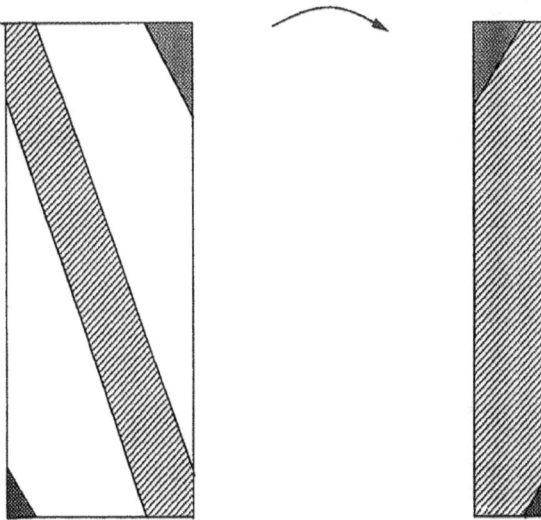

Figur 3.2: Lagring av diskrete B-splines

Selve konverteringen konvertering $\mathbf{d} = \mathbf{Ac}$ kan nå beregnes

1	**for** $i = 1, 2, \ldots, m$
1.1	$d_i = 0;$
1.2.1	**for** $j = e_i - \lambda, e_i - \lambda + 1, e_i + \rho \pmod{n}$
1.2.1.1	$d_i = d_i + a_{i,j}c_j;$

Algoritmen er meget enkel og rimelig effektiv. Initieringen er av orden mk^2 og konverteringen $m(1 + \lambda + \rho)$. Da $\rho \geq k$ er det totale arbeid av orden

$$\mathcal{O}_m = m(1 + \lambda + \rho + \rho^2).$$

Som en sidebetraktning kan det nevnes at ved å utnytte korrolar 3.1 kan man konstruere kompliserte men mer effektive algoritmer, se [27].

3.3 Kontroll-polygonet

La $c_1, c_2, \ldots, c_N$ være en ordnet mengde av punkter i planet og anta at $\phi_1, \phi_2, \ldots, \phi_N$ er en mengde av periodiske funksjoner med periode lik enhetsintervallet $\mathbb{R}/p \simeq I = [0,1)$ og som har egenskapene:

$$\phi_i(t) \geq 0, \quad \text{for alle } t \in I \tag{3.29}$$

$$\sum_{i=1}^{N} \phi_i(t) = 1 \quad \text{på } I. \tag{3.30}$$

Da er

$$\gamma(t) = \sum_{i=1}^{N} c_i \phi_i(t) \tag{3.31}$$

den parametriske representasjonen av en kurve som ligger i den konvekse innhyldningen av punktene $c_1, c_2, \ldots, c_N$ (Cohen & Schumaker [6]). Disse punktene kalles **kontroll-punktene**, og det assosierte polygonet γ_n konstruert ved å forbinde punktene med med rette linjer kalles **kontroll-polygonet**.

I praksis kan det ofte være hensiktsmessig å gjenskape kurven γ ved hjelp av den større klasse av samme type funksjoner som også tilfredstiller betingelser av typen (3.29) og (3.30). Anta γ kan gjenskapes for alle $n \geq N$, slik at

$$\gamma(t) = \sum_{i=1}^{n} c_{i,n} \phi_{i,n}(t) \quad \forall t \in I \tag{3.32}$$

La γ_n være kontrollpolygonene assosiert med denne representasjonen av γ ved å forbinde koeffesientene $c_{i,n}$ med rette linjer.

Det interessante spørsmålet knyttet til kontrollpolygoner lyder:

Konvergerer kurven γ_n mot kurven γ når $n \to \infty$, og hvis den gjør det, hvor stor er konvergens-raten?

3.3.1 Numeriske eksperimenter med kontroll-polygoner

Anta vi starter med $c_1, c_2, \ldots, c_N$ som i (3.31) hvor B-splinene

$$\phi_i(t) = B_{i,k}^o(t)$$

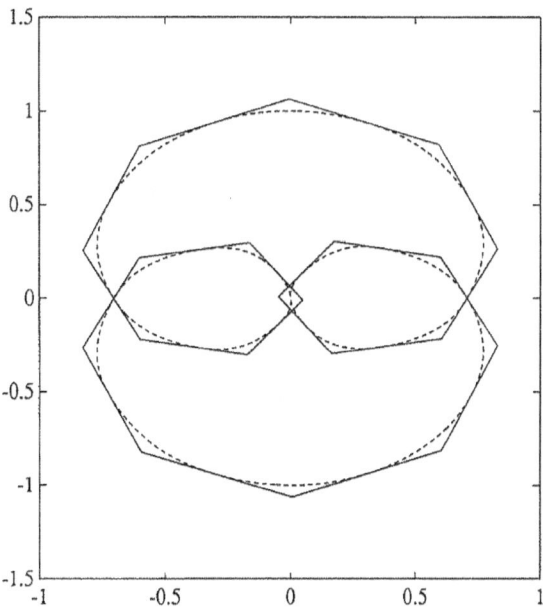

Figur 3.3: Kontroll-polygon

er definert på en uendelig skjøtfølge med periode 1 og skjøter på perioden $[0, 1)$,

$$0 = \tau_1 \leq \tau_2 \leq \cdots \leq \tau_N < 1.$$

Eksempel 3.3 *La oss definere en spline-kurve*

$$\gamma(t) : I \to \mathbb{R}^2$$

hvor $\gamma(t)$ er den interpolerende kvadratiske 20-punkts-splinen generert fra

$$\Gamma(t) = (\sin 2t\pi \sin 4t\pi, \sin 2t\pi \cos 4t\pi),$$

slik vi kjenner den fra eksempel 2.1.

Figur 3.3 viser en stiplet γ liggende inne i den konvekse innhyldningen av koeffesientene.

Ved å ta utgangspunkt i coeffesientene

$$d = \begin{pmatrix} c_1 \\ c_2 \\ \vdots \\ c_{20} \end{pmatrix}$$

genererer jeg en følge av koeffesienter ved iterativt å lage skjøtforfininger $\{t_0 = \tau, t_1, \ldots, t_n\}$ og korresponderende med dette en sekvens av skjøtinnsettingsmatriser $\{A_0 = A, A_1, \ldots, A_n\}$ og koeffesienter

$$d_k = A_{k-1}d_{k-1},$$

hvor $d_0 = c$.

Figur 3.4 til 3.7 viser parvise kontroll-polygoner γ_k og γ_{k+1} generert ved å doble antall skjøter ved at skjøtvektoren t genereres etter prinsippet

$$
\begin{aligned}
t_{1,k+1} &= t_{1,k}, \\
t_{2i,k+1} &= (t_{i,k} + t_{i+1,k})/2, \\
t_{2i+1,k+1} &= t_{i+1,k},
\end{aligned}
$$

hvor $i = 1, 2, \ldots n - 1$ når $t_k \in R$. Størrelsen på skjøtinnsettingsmatrisen er gitt ved $A_k \in R^{40(k+1) \times 20(k+1)}$.

Figurene tyder på at $\{\gamma_k\}_{k=0}^{\infty}$ er en Cauchy-følge.

Plottet 3.8 viser at kurven konvergerer mot spline-kurven γ. (Numerisk støy i beregningen antyder en marginal feil i sentrum av figuren 3.8.)

□

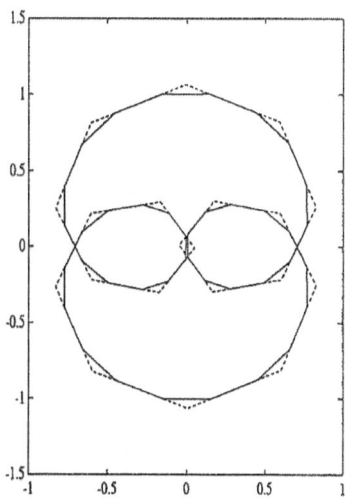

Figur 3.4: Polygonene γ_0 og γ_1

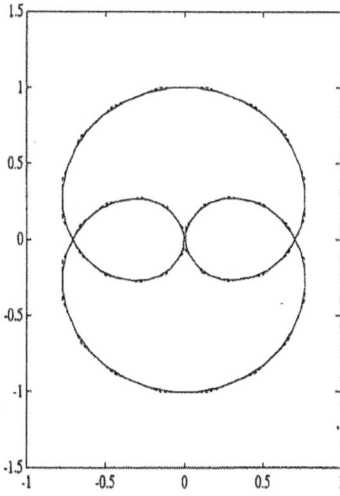

Figur 3.5: Polygonene γ_1 og γ_2

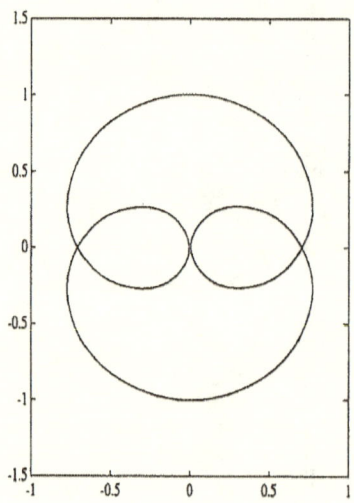

Figur 3.6: Polygonene γ_2 og γ_3

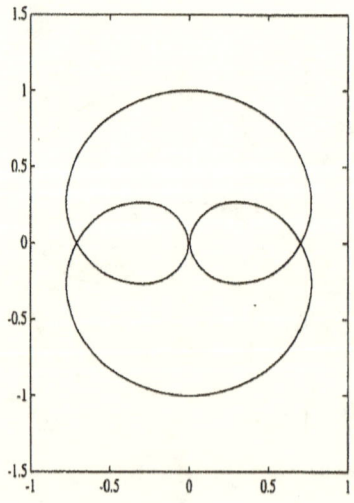

Figur 3.7: Polygonene γ_3 og γ_4

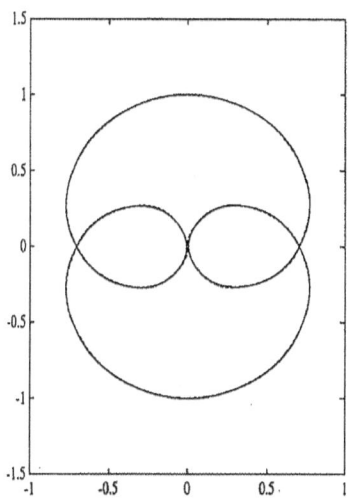

Figur 3.8: Polygonet γ_4 og originalkurven γ

3.3.2   Konvergens for lukkede kontroll-polygoner

La oss igjen starte med $c_{1,N}, c_{2,N}, \ldots, c_{N,N}$ som beskriver en kurve

$$\gamma(t) = \sum_{i=1}^{N} c_{i,N} \phi_{i,N}(t) \tag{3.33}$$

identisk med (3.31), hvor B-splinene

$$\phi_{i,N}(t) = B^{\circ}_{i,k,N}(t)$$

er definert på en uendelig skjøtfølge med periode 1 og skjøter på perioden $[0,1)$,

$$0 = \tau_1 \le \tau_2 \le \cdots \le \tau_N < 1.$$

Anta at kurven kan gis en parametrisering med $\{c_{i,n}\}, \tau_n$ og $B^{\circ}_{i,n}$ for $n \ge N$. Dersom vi føyer til en skjøt t i perioden til mengden $\{\tau_1, \tau_2, \ldots, \tau_n\}$ får vi en ny mengde av skjøter $\tau_{n+1} = \{t_1, t_2, \ldots, t_{n+1}\}$. La $B^{\circ}_{1,n+1}, B^{\circ}_{2,n+1}, \ldots, B^{\circ}_{n+1,n+1}$ være de korresponderende B-splinene av orden k.

De nye B-spline-koeffesientene har formen

$$c_{i,n+1} = \begin{cases} c_{i,n}, & i = 1, \ldots, \mu + 1 - k, \\ \frac{(t - \tau_i) c_{i,n} + (\tau_{i+k-1} - t) c_{i-1,n}}{(\tau_{i+k-1} - \tau_i)}, & i = \mu - k + 2, \ldots, \mu, \\ c_{i-1,n} & i = \mu + 1, \ldots, n + 1 \end{cases} \tag{3.34}$$

hvor μ er slik at $\tau_\mu \le t < \tau_{\mu+1}$. I følge [6] er denne formelen velkjent for B-splines, og da den er lokal lar den seg generalisere til det periodiske tilfellet. Vi legger merke til at kun k nye koeffesienter må beregnes pr. skjøtinnsettning, og at disse beregnes ved en konveks kombinasjon av de gamle koeffesientene.

Anta vi har en kurve

$$\gamma(t) = \sum_{i=1}^{n} c_{i,n} B^{\circ}_{i,n}(t) \tag{3.35}$$

for alle $n \ge N$.

For å si noe om konvergensen av polygonene

$$\gamma_n(t) = \begin{pmatrix} x_n(t) \\ y_n(t) \end{pmatrix} \text{ eventuelt mot } \gamma(t) = \begin{pmatrix} x(t) \\ y(t) \end{pmatrix},$$

er det tilstrekkelig å studere hver enkelt komponent.

La oss konstruere en partisjon Δ_n på formen

$$0 = \xi_1^n < \xi_2^n < \cdots < \xi_{n+1}^n = 1 \qquad (3.36)$$

slik at vi kan studere stykkevise lineære funksjoner som interpolerer verdiene

$$\mathbf{c}_{i,n} = \begin{pmatrix} x_{i,n} \\ y_{i,n} \end{pmatrix}$$

i $\xi_{i,n}$. Interpolasjons-funksjonen kan skrives som

$$L_n x(t) = \sum_{i=1}^n x_{i,n} B_{i,2}^\circ(t) \qquad (3.37)$$

hvor $B_{i,2}^\circ(t)$ er de lineære periodiske B-splines definert over den periodiske utvidelsen av skjøtvektoren Δ_n. Lineær-operatoren L_n kan betraktes som en projeksjon av $S_{k,\tau}^\circ$ på rommet av stykkevise lineære splines; S_{2,Δ_n}°.

For å undersøke konvergensen av $L_n x$ mot x innfører vi en hjelpe-operator

$$Q_n : C(\mathbb{R}/p) \;\to\; S_{k,\tau}^\circ$$
$$Q_n x(t) \;=\; \sum_{i=1}^n x(\xi_i^n) B_{i,n}^\circ(t) \qquad (3.38)$$

som i litteraturen (Schumaker [40]) kalles en **kvasi-interpolasjons operator**. I likhet med interpolasjonsoperatoren er Q_n en projeksjon.

Komposisjonen $L_n Q_n$ er en lineær operator inn i $S_2^\circ(\Delta_n)$ slik at $L_n Q_n x$ er den entydige lineære splinen som interpolerer x i punktene $\xi_1^n, \xi_2^n \ldots, \xi_n^n$.

Litteraturen (se [40]) gir estimater for lineær-interpolasjon i Sobolev-rom[1]

$$\|x - L_n Q_n x\|_{W_{0,\infty}^\circ(\mathbb{R}/p)} \le C h^2 |x|_{W_{2,\infty}^\circ(\mathbb{R}/p)} \quad \forall x \in V = W_{2,\infty}^\circ(\mathbb{R}/p) \qquad (3.39)$$

hvor $h = \sup\{\xi_{i+1} - \xi_i : 1 \le i \le n\}$ og

$$\begin{aligned} W_{2,\infty}^\circ(\mathbb{R}/p) \;=\; & \{ f \in L_\infty(\mathbb{R}/p) : f' \text{ absolutt kontinuerlig og } f'' \in L_\infty(\mathbb{R}/p), \\ & D^j f(x) \quad j = 0,1,2 \text{ periodisk á la } (1.4) \}. \end{aligned} \qquad (3.40)$$

Funksjonalene $\|\cdot\|$ og $|\cdot|$ er definert ved (2.21) og (2.22).

---

[1]Valg av Sobolev-rom kan gjøres på mange måter. Johnson [20] viser at (3.39) også gjelder for Hilbert-rommene $H_0^\circ(\mathbb{R}/p)$ og $H_2^\circ(\mathbb{R}/p)$.

Vi observerer så at gitt $\gamma(t) = (x(t), y(t))$ fra (3.35) så gjelder

$$\|x - L_n x\| \leq \|x - L_n Q_n x\| + \|L_n Q_n x - L_n x\|$$
$$\leq \|x - L_n Q_n x\| + \|L_n\| \, \|Q_n x - x\|, \tag{3.41}$$

dersom L_n er begrenset. Anta nå at L_n er uniform begrenset, dvs. det fins en konstant K slik at

$$\|L_n\| \leq K \quad \forall n \geq N, \tag{3.42}$$

men da L_n er et resultat av konvekse kombinasjoner av punktene $x_{1,n}, x_{2,n}, \ldots, x_{n,n}$ ved å bruke lineære periodiske B-splines, så må $L_n x$ ligge i den konvekse innhyldningen av disse punktene, og

$$\|L_n x\| \leq \sup_{1 \leq i \leq n} |x_{i,n}|, \quad \text{for alle } x \in V \tag{3.43}$$

så for at (3.42) skal holde må vi være garantert at det fins en K slik at

$$\sup_{1 \leq i \leq n} |x_{i,n}| \leq K \|x\|. \tag{3.44}$$

Denne egenskapen kalles forøvrig stabiliteten til basisen $B_{1,n}^{\circ}, B_{2,n}^{\circ}, \ldots, B_{n,n}^{\circ}$.

Da gjenstår det å estimere $\|Q_n x - x\|$. Denne termen er avhengig av kvasi-interpolanten.

Den variasjonsforminskende operatoren

Anta vi betegner antallet periodiske B-splines ved det p'te step i Oslo-algoritmen ved enkeltvis innsetting av skjøter for $n_p = N + p$, og vi antar de assosierte skjøtene er $\tau_{1,p}, \tau_{2,p}, \ldots, \tau_{n_p,p}$. La

$$\xi_{i,p} = \frac{\tau_{(i+1)\bmod n,p} + \tau_{(i+2)\bmod n,p} + \cdots + \tau_{(i+k-1)\bmod n,p}}{k - 1}. \tag{3.45}$$

Vi er interessert i konvergens av Q_{n_p} når $p \to \infty$.

Med $\xi_{i,p}$ som i (3.45), så er

$$Q_{n_p} x(t) = \sum_{i=1}^{n_p} x(\xi_{i,p}) B_{i,n_p}^{\circ}(t) \tag{3.46}$$

den variasjonsforminskende operatoren for de periodiske B-splines. Cohen & Schumaker påstår at for alle $x \in C'[0,1]$, så gjelder

$$\|x - Q_{n_p} x\|_{\infty} \leq C(1/n) \|x'\|_{\infty}. \tag{3.47}$$

Spesielt vil det gjelde for alle funksjoner i $C'[0,1]$ som har en periodisk utvidelse til $C'(\mathbb{R})$, og vi har klart å begrense to termer i (3.41).

Kondisjonstall for en basis av periodiske B-splines

For å fullføre beviset må vi vise konvergens av L_{n_p} når $p \to \infty$.

La oss først se på problemet med uniform begrensethet for følgen $\{L_{n_p}\}$. Siden hver ny mengde av koeffesienter er generert fra en tidligere mengde av koeffesienter ved å ta konvekse kombinasjoner, følger det at

$$|x_{i,n_p}| \leq \sup_{1 \leq i \leq N} |x_{i,N}|, \quad \forall i \tag{3.48}$$

På den annen side hvis vi betrakter interpolasjonsproblemet

$$\sum_{i=1}^{N} x_{i,N} B_{i,N}^o(\xi_j) = x(\xi_j), \quad \text{for } j = 1, 2, \ldots, N, \tag{3.49}$$

så ser vi ved å sette (3.49) på matriseform og invertere $\mathbf{B} = (B_{i,N}^o(\xi_{j+1}))$,at

$$|x_{i,N}| \leq \|\mathbf{B}^{-1}\| \, \|x\|, \tag{3.50}$$

dersom N er odde slik at teorem 2.6 garanterer at $\mathbf{B}$ er invertibel. Ved å kombinere (3.48),(3.50) og (3.43) klarer vi å begrense L_n uniformt, dvs. (3.42) holder med $K = \|\mathbf{B}^{-1}\|$. Da $\mathbf{B}$ er stokastisk registrerer vi at $\|\mathbf{B}\| = 1$, så

$$K = \mathcal{K}(\mathbf{B}),$$

kondisjonstallet til kollokasjonsmatrisen i l_∞-operatornorm, gitt ved (1.15).

For N jevn kan vi registrer at $\xi_{i,p}$ er en approksimasjon av maksimalpunktet for en periodisk B-spline slik vi definerte det i (2.41). Ved å strekke litt i hypotese 2.1 vil kollokasjonsmatrisen være invertibel. Vi husker at hypotesen ble verifisert for lineære, kvadratiske og enkelte kubiske periodiske B-splines. For lineære og enkelte kvadratiske og kubiske B-splines er det opplagt at $\mathbf{B}$ vil være invertibel i $\{\xi_{i,p}\}$.

Konvergens og konvergenshastighet

La oss formulere (3.39), (3.41), (3.42) og(3.47) som et teorem:

Teorem 3.6 *Anta $x(t)$ er skrevet som en sum av k'te ordens periodiske B-splines. Da vil det assosierte kontrollpolygonet tilfredstille ulikheten*

$$\|x - L_n x\| \leq C h^2 \|x''\|, \quad \text{for alle } n \geq N, \tag{3.51}$$

for lineære og i en topologisk omegn om de uniforme kvadratiske og kubiske periodiske B-splines, og ellers for alle interpolasjons-spline-kurver med odde antall data.

Referanser

[1] de Boor, C. og Fix, G. J. [1973]

Spline approximation by quasi-interpolation. J. Approximation Theory 8, 19-45.

[2] de Boor, C., og Pinkus, A. [1976]

Backward error analysis for totally positive linear systems. University of Wisconsin.

[3] Brannigan, M. [1984]

Solving integral equations of nuclear scattering by splines. Approximation Theory and Spline Functions, NATO ASI Series, Series C: Mathematical and Physical Sciences Vol. 136.

[4] Broch, J. T. [1981]

Priciples of Analog and Digital Frequency Analysis. Norwegian Institute of Technology, TAPIR.

[5] Cohen, E., Lyche, T. og Riesenfeld, R. F. [1980]

Discrete B-splines and subdivision techniques in computer aided geometric design and computer graphics. Computer Graphics and Image Processing 14, 87-111.

[6] Cohen, E. og Schumaker L. L. [1985]

Rates of convergence of control polygons. Computer Aided Geometric Design 2 (1985) 229-235, North-Holland.

[7] Dahl, O., Lyche, T. og Winther, R. [1985]

Construction and analysis of numerical methods. Kompendium i kurset IN 103 Numeriske metoder, Institutt for informatikk, Universitetet i Oslo.

[8] Dæhlen, M. og Lyche, T. [1990]

Box Splines and Applications. Preprint, Universitetet i Oslo.

[9] Dæhlen, M. [1990]

Kompendium til kurset IN 329 B-splines i grafisk databehandling. Universitetet i Oslo.

134

[10] de Finetti, B. [1974]

Die Kunst des Sehens in der Mathematik. Birkhäuser Verlag, Basel und Stuttgart.

[11] Foley, J. D., van Dam, A., Feiner, S. K. og Hughes J. F. [1990]

Computer Graphics: Principles and Practice. Second edition, Addison-Wesley Publishing Company.

[12] Folland, G. B. [1984]

Real Analysis: Modern techniques and their applications. John Wiley & Sons.

[13] Forsythe, G. og Moler, C. B. [1967]

Computer Solution of linear algebraic systems. Prentice Hall, Inc.

[14] Friedrichs, K. O. [1965]

Pertubation of spectra in Hilbertspace. American Mathematical Society, Providence, Rhode Island.

[15] Glærum, S. [1989]

Condition for the B-spline Basis. Hovedoppgave i numerisk analyse, institutt for informatikk, Universitetet i Oslo.

[16] Golub, G. H. og van Loan, G. F. [1983]

Matrix Computations. The John Hopkins University Press.

[17] Griffiths, D. F. [1984]

The Mathematical Basis Of Finite Element Method. Clarendon Press, Oxford.

[18] Herstein, I. N. [1975]

Topics in algebra. John Wiley & Sons.

[19] Holm, P. og Reed, J. [1986]

Topologi. Universitetsforlaget AS.

[20] Johnson, C. [1987]

Numerical soultions of partitial equations by the finite element method. Studentlitteratur.

[21] Jänich, K. [1987]

Topologie. Zweite Auflage, Springer-Verlag.

[22] Kahan, W. [1966]

Numerical Linear Algebra. Canadian Math. Bull 9, 757 - 801.

[23] Lancaster, P. og Timenetsky, M. [1985]

The theory of matrices. Academic Press.

[24] Loscalzo, F. R. og Talbot, T. D. [1967]

Spline function approximations for solutions of ordinary differential equations. SIAM journal on numerical analysis, volume 4, 1967, s 433-445.

[25] Lyche, T., og Schumaker, L. L. [1976]

On Determinants of Spline Functions. Universität Bonn.

[26] Lyche, T. og Mørken, K. [1987]

Knot removal for parametric B-spline curves and surfaces. Computer Aided Geometric Design 4 (1987) 217-230, North-Holland.

[27] Lyche, T. og Mørken, K. [1987]

Making the Oslo Algorithm more efficient. SIAM J. Numer. Anal. **23**, 663-675.

[28] Lyche, T. og Mørken, K. [1987]

A Data-Reduction Strategy for Splines with Applications to the Approximation of Functions and Data. IMA Journal of Numerical Anaysis (1988) **8**, 185-208.

[29] Lyche, T. [1988]

Forelesningsnotater til kurset IN 329 B-splines i grafisk databehandling. Universitetet i Oslo.

[30] Lyche, T. [1988]

Numerical Linear Algebra. Kompendium til kurset IN 225 Numerisk lineær algebra, Universitetet i Oslo.

[31] Lyche, T. [1989]

Condition Numbers for B-splines. Universitetet i Oslo.

[32] Lyche, T. [1989]

Discrete B-splines and Conversion Problems. Universitetet i Oslo.

[33] Mülthei, H. N. [1980] *Numerische Lösung gewöhnlicher Differtialgleichungen mit Splinefunktionen.* Computing, Archiv für Informatik und Numerik, vol 25, 1980, s 317-335.

[34] Mørken, K. [1989]

Contribution to the Theory and Application of Splines. Research report, Institutt for informatikk, Universitetet i Oslo.

[35] Norsett, P. [1984]

Splines and collocation for ordinary initial value problems. Approximation Theory and Spline Functions, NATO ASI Series, Series C: Mathematical and Physical Sciences Vol. 136.

[36] Pólya, G. [1966]

Vom Lösen mathematischer Aufgaben: Entdeckung und Einsicht. Birkhäuser Verlag, Basel und Stuttgart.

[37] Reddy, B. D. [1986]

Functional Analysis and Boundary-value Problems: an Introductory treatment. John Wiley & Sons.

[38] Rice, J. R. [1966]

A Theory of Condition. J. SIAM Numer. Anal. Vol 3, No.2, 1966.

[39] Schoenberg, I. J. [1946]

Contributions to the problem of approximation of equidistant data by analytic functions, Part A: On the problem of smoothing of graduation, a first class of analytic approximation formulae. Quart. Appl. Math, 4, s 45-99.

[40] Schumaker, L. L. [1981]

Spline functions: Basic Theory. John Wiley & Sons, New York.

[41] Tveito, A. [1985]

Iterative metoder for løsing av usymmetriske lineære likningsystemer. Hovedoppgave i Numerisk Analyse, Universitetet i Oslo.

[42] Varga, R. S. [1962]

Matrix Iterative Analysis. Prentice-Hall, Inc.

[43] Weatherill, N. P. og Evans, A. [1990]

Adaptive grid generation with the quadtree method. proceedings of NUMETA II (Numerical Methods in Engineering: Theory and Applications), University College, Swansea.

[44] Wenstøp, Ø. S. [1986]

Digital signalbehandling - en innføring. Universitetsforlaget AS.

UNIVERSITETET I OSLO

DET
MATEMATISK-NATÚRVITENSKAPELIGE
FAKULTET

BLINDERN 08.07.91

PETTER ØGLAND

født 17.03.66

og immatrikulert   1985-høst   har i   vår- semesteret 19 91   .oppnådd graden

Candidatus scientiarum

Hovedfag: INFORMATIKK

Studieretning: NUMERISK ANALYSE

Hovedoppgavens tittel: PERIODISKE B-SPLINES: Algoritmer, teori
og anvendelser

Karakter for hovedoppgaven: 1.8

Karakter for avsluttende muntlig eksamen: 1.4

Randi Howe
Konsulent

www.ingramcontent.com/pod-product-compliance
Lightning Source LLC
Chambersburg PA
CBHW021955170526
45157CB00003B/1004